문재인 정부의
부동산 시장 전망

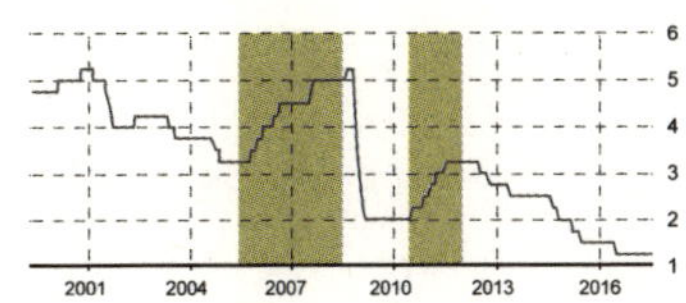

기술적 분석과
「부동산 위기의 12단계 진행 가설」로 본

문재인 정부의
부동산 시장 전망

전종철·전혜린 지음

라의눈

이 책은 다음과 같은 분석 기법과 관점으로 2000년부터 2017년 현재까지의 부동산 시장을 분석하였다.

부동산 시장의 기술적 분석

주식 시장의 기술적 분석 기법을 통해 우리나라 부동산 시장의 가격 변동을 분석하고 미래를 전망해보았다. 기술적 분석에 의하면 2000년부터 2017년 현재까지 한국의 주택 지수는 네 번의 상승기와 상승기 사이에 세 번의 조정기를 거치면서 추세적으로 상승하여 왔으며, 현재는 4차 상승기를 마무리하고 4차 조정기로 진입하는 초기 단계에 있는 것으로 추정이 된다.

한·미·일 부동산 위기의 12단계 진행 가설

한국과 미국, 일본의 부동산 위기는 놀랍게도 똑같은 「부동산 위기의 12단계 진행 가설」의 틀 안에서 진행이 되었다. 동 가설에 의한 분석 결과에 의하면 2017년 현재 우리나라의 부동산 시장은 1단계 급격한·단기 금리 인하, 2단계 저금리 기간의 지속, 3단계 부동산 가격 폭등, 4단계 부동산 관련 부채 급증이라는 요건을 충족하고, 금리 인상이라는 5단계 상황을 목전에 두고 있다.

금리와 부동산 시장

교과서적으로 금리의 변동과 부동산 가격의 변동은 정확히 반비례 관계에 있다. 2000년부터 2017년 현재까지를 하나의 사이클로 보면 한국의 기준 금리는 5.25%에서 1.25%로, 미국의 기준 금리는 6.5%에서 1.0~1.25%로 대세 하락하였다. 그에 따라 KB 부동산 주택매매가격 종합지수는 51.7포인트에서 101.4포인트로 약 두 배가 상승하였으며, 미국의 주택 가격 지수인 케이스-실러 지수((20개 대도시 기준)도 100.59포인트에서 198.38포인트로 약 두 배가 상승하였다. 그러나 금리 외 경제 성장률, 투자 심리 등 다른 변수가 고정되어 있지 않은 실질 상황에서는 그 반대로 금리가 상승하는 시기에도 부동산 가격은 하락하지 않고 오히려 상승할 수도 있으며, 한국과 미국의 사례에서 그것을 두 번씩이나 실증적으로 입증하고 있다.

부양책·규제책과 부동산 시장

일반적으로 부양책이 나오면 상승을 하고, 규제책이 나오면 조정을 받거나 하락할 것이라고 전망한다. 과연 그럴까? 정답은 그렇지 않다. 그렇게 전망하는 전문가가 있다면 그 사람은 전형적인, 뒷북치는 전문가일 것이다. 2000년부터 2017년 현재까지 주택 시장의 지수 변동을 분석해보면 부양책이 주를 이루는 기간에는 상승기가 아닌 조정기였으며, 규제책이 주를 이루는 기간에는 주택 시장이 조정기가 아닌 상승기였음을 확인할 수 있다.

분석의 결과 이 책에서 제시하는 '문재인 정부의 부동산 시장 전망'은 다음과 같다.

• 2000년부터 2017년 현재까지 약 18년간 지속된 부동산 시장의 대세 상승기는 끝났다. 지난 18년간 부동산 시장의 움직임은 4차의 상승기와 3차의 조정기를 통해 조정(하락) 폭과 기간은 작고 짧고, 상승 폭과 기간은 크고 긴 전형적인 대세 상승 장세를 보여주었다. 그러나 이제 주택 가격 지수가 오를 만큼 오른 시점에 레버리지(leverage)는 최대한 팽창되어 있고, 경기 회복세는 기대만큼 탄력적이지 않다. 금리는 더 이상 낮출 여력이 없으며 인상만을 목전에 두고 있다. "순풍(금리 인하 및 저금리)에 돛(가계 부채 증가)을 달고 가던 시절은 끝났고, 역풍(금리 인상)에 돛도 없이 가야 하는 시절

이 되었다."

• 8.2 대책을 기점으로 조정의 신호탄은 쏘아 올려졌다. 호가 급락, 경매 낙찰가율 및 경쟁률 급락 등 부동산 투자 심리도 급격히 냉각되고 있음이 감지되고 있다. 이제 시장은 그 폭이 어떻게 되든 금리 인상이라는 뺨 한 대만 더 맞으면 결정적으로 조정기로 진입하게 될 것으로 전망이 된다. 일시적으로 풍선 효과에 의하여 8.2 대책에서 빠진 지역으로 부동산 자금이 몰리거나 간헐적으로 투기적 장세가 시현되는 모습을 보일 수는 있겠지만 조정(하락)이라는 큰 틀에서의 추세를 벗어나기는 힘들 것이다. 지금은 정부가 시장의 과열을 진정시키는 데 급급하고 있지만, 집권 중·후반부로 넘어가면 오히려 조정이나 하락을 걱정해야 하는 난센스가 발생할 수도 있다. 문재인 정부 내내 시장은 조정(하락)이라는 큰 틀 안에 갇혀 있을 수도 있는 것이다.

• 그러나 약 10년 정도를 가정한 장기적(long-term) 관점에서의 전망은 상승론에 무게를 두고 있다. 장기적 전망에서 상승 요인으로는 지속적인 경제 성장 가능성과 서울 등 가격 선도 지역의 주택 공급 부족 등을 들 수 있다. 하락 요인으로는 출산율 저하, 과다한 가계 부채 규모, 변동 금리 부채 비율 과다 등을 들 수 있다. 장기적 관점에서 경제 성장

률에 비례해서 부동산 가격이 상승하려면 조정기를 거치면서 2008년 금융 위기 이후의 미국처럼 부채의 디레버리지(deleverage) 프로그램을 착실히 이행하고, 출산율 저하 및 초고령화 문제에도 대비책을 세워가면서 에너지를 축적해두어야 한다. "쉬어가는 말이 멀리 가는 법이다."

우리나라의 부동산 시장 분석 및 전망 분야는 주식 시장에 비교하면 이제 겨우 지수 등 초보적인 기술적 지표가 도입되는 걸음마 단계에 있으며, 전문가들의 치열한 논쟁과 비판을 더 많이 필요로 한다. 그러한 성장 과정의 하나로 이 책에서 실명으로 거명된 분들께는 오해의 소지가 없기를 부탁드리며, '팩트'를 바탕으로 한 건전한 비판은 '정반합(正反合)의 원리'를 통해 한국 부동산 시장을 더욱 건강하고 균형 있게 성장시킬 수 있을 것으로 본다.

부동산 시장 전망과 관련된 자료는 밴드 「전혜린 박사의 부동산 시장 전망 연구소」와 블로그 「전혜린 박사의 부동산 시장 전망 연구소 : http://blog.naver.com/jjresearch777」를 통해 지속적으로 제공해드릴 예정이니 많은 참여와 관심을 부탁드린다.

전종철 · 전혜린

차례

2부 | 한·미·일 부동산 위기 분석

1부

우리나라 부동산 시장

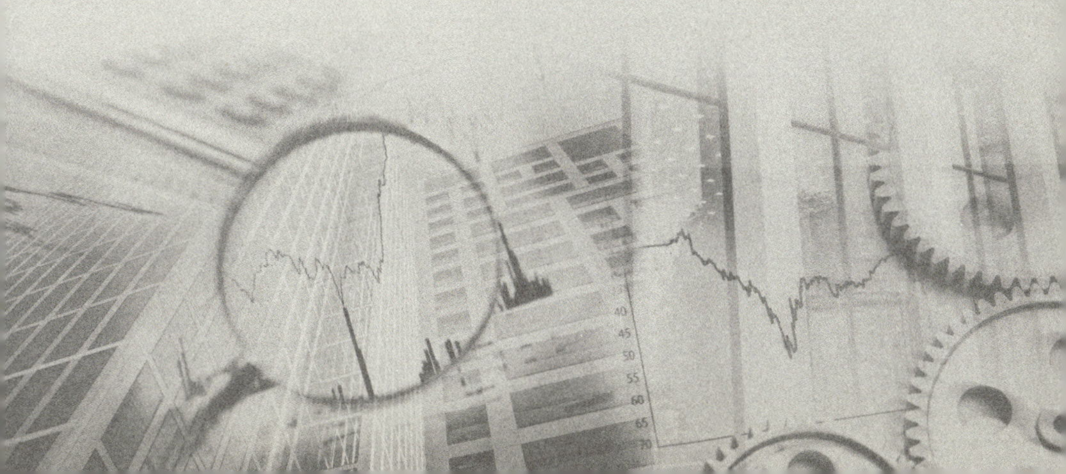

1

부동산의 세 얼굴

**주거 목적 참여자, 자산 관리 목적 참여자,
투기 목적 참여자**

야누스(Janus)는 로마 신화에 등장하는 신으로서 본래는 사람이
드나드는 문을 지키며 행운을 가져다주는 신이었다. 현대에는
겉과 속이 판이하게 다른 것을 가리키는 의미로서 '나쁜' 또는
'컨트롤하기 힘든' 존재의 비유로 널리 쓰이고 있다. 부동산은
야누스의 두 얼굴에 하나를 더하여 세 가지의 얼굴을 가지고 있
으며, 그만큼 통제하기 쉽지 않은 문제이다.

　　하나의 부동산은 시장 참여자에 따라서 주거 공간, 자산 관
리 대상, 투기 대상 세 가지로 인식될 수 있다. 그에 따라 부동

산 시장 참여자는 자의든 타의든 참여 행태에 따라서 주거 목적 참여자, 자산 관리(자산 운용을 포함) 목적 참여자, 투기 목적 참여자 세 가지 입장으로 구분할 수 있다. 전통적 개념인 투자와 관련하여서는 시장에서는 요즘 투자보다는 자산 관리라는 표현이 더 선호되고 있다.

주거 목적 참여자는 무주택자나 열악한 주거 환경의 주택을 소유한 사람들을 말하며 그 범주가 개인에 한정된다. 그들에게 부동산은 주로 주택에 관한 문제로서 최소한의 인간다운 생활과 행복을 보장할 수 있는 주거 공간을 필요로 한다.

자산 관리 목적 참여자는 적어도 주거 공간으로서의 부동산 문제는 해결한 '1가구 1주택자' 이상의 사람들을 말한다. 따라서 그들에게 부동산은 주거 공간의 개념을 넘어서서 자산 관리 및 증식의 수단 중 하나로서 그 범위도 주택에 한정되지 않는다. 더 나은 주거 공간에서 거주하고자 하는 주거 시프트(shift, 이동)의 욕망을 충족시키기 위해서, 또는 유휴 자금으로 자산을 증식하거나 금융 기관에 돈을 맡기는 것보다 높은 수익을 올리기 위한 목적 등으로 부동산 시장에 참여한다. 자산 관리 목적 참여자는 비단 개인에 한정되지 않는다. 때로는 금융 기관이나 연금 · 기금 등의 기관 투자가도 일정한 수익률을 올리기 위한 자산 운용 목적으로 부동산 시장에 직 · 간접적으로 참여하게 된다.

투기 목적 참여자는 부동산하면 가장 먼저 떠오르는 단어로
서, 복부인·부정 축재한 정치 관변인·부동산으로 정당하지 않
게 부를 축적한 기업 등이 과거의 한국을 대표하는 투기 목적
참여자들이다. 그들은 정경 유착 등으로 특혜를 받거나, 정보의
비대칭 등을 이용해서 부당하게 부동산으로 부를 축적했었다.
그러나 최근의 투기 목적 참여자는 양적으로도 규모가 방대해
지고, 질적으로도 정보나 지식으로 잘 무장된 부류들로서 그 범
위가 훨씬 넓어지고 다양해졌다. 자산 관리 목적 참여자 중에서
도 부를 축적한 사람은 투기 목적 참여자로서 편입되어서 과도
한 레버리지(leverage, 부채)를 활용하면서 부동산 시장에 참여하
기도 한다. 자산 관리 목적 참여자와 마찬가지로 투기 목적 참
여자도 개인에 한정되지 않고, 정부의 감독·관리 아래 있는 금
융 기관도 감시가 소홀한 틈을 타서 투기 목적 참여자가 되어
시장을 교란시키기도 하며, 때로는 크나큰 손실을 보고 파국을
맞이하기도 한다.

부동산 시장의 중간 섹터 '자산 관리 시장'

과거(이 책에서는 2000년 이전을 의미함)에는 부동산 시장 참여자
를 주거 목적 참여자와 투기 목적 참여자만으로 이분하여, 부동
산 정책도 공급 확대 정책에 더하여 투기 엄단을 표방하면 나
름의 명분과 지지를 확보하면서 소기의 성과를 거둘 수도 있었

다. 그러나 2000년 IT 버블 붕괴와 2001년 9.11 테러로 인한 경기 침체에 미국의 선제적인 금리 인하 대응으로 세계적인 저금리 시대가 도래한 이후, 2008년 금융 위기에 대한 대응으로 제로 금리 시대가 다시 도래하는 등 10년 사이클도 넘기지 못하고 저금리 시대가 상존하게 되었다. 그에 따라 개인이나 기관 가릴 것 없이 예금·채권·주식 등 기존의 전통적인 자산 관리 및 운용 수단에 한계를 느낀 주체들이 부동산 시장에 적극적으로 참여하게 되었다. 소위 자산 관리 목적의 참여자가 부동산 시장에 상존하게 된 것이다. 따라서 이제는 자산 관리 목적 차원의 시장 참여자를 인식하지 못하는 과거의 이분법식 패러다임만으로는 거대하고 복잡한 부동산 시장을 효율적으로 통제하고 관리할 수 없는 시대가 되었다.

1가구 1주택 보유를 넘어서는 시장 참여자를 모두 투기적 세력으로 몰고 가기에는 시장의 유동성은 너무 과다하고, 그에 비하여 자산 관리 및 운용 수단은 예금·채권·주식으로 한정되어 있으며, 저금리에서는 나오는 수익으로 노후를 살아가기에는 사회 보장 체계의 수준은 너무 낮다. 예금 및 채권은 저금리 시기에는 절대적으로 수익률이 낮고, 주식은 항상 위험한데, 자산 관리 및 운용 시장에는 주택 등 다른 금융 자산에 비해 안정적이면서도 수익성이 양호한 부동산 시장이 존재한다. 그렇다면 저금리 시기에는 부동산으로 자금이 몰리는 것이 필연적이며 이러한 상황이 이미 2000년 이후 두 번씩이나 반복되고 있는 것이다. 이런 내용의 분석은 후술되겠지만 2017년 7월 한국은행에서 발간한 '금융 안정 보고서'의 가계 부채의 급증 요인 분석에도 잘 나와 있다. 따라서 합리적 정책이라면 시장의 흐름을 인정하고 사전에 대책을 세우는 것이 현명한 것이지 아날로그식 투기 세력 엄단 정책만으로 모든 것을 해결할 수는 없는 것이다.

투자와 투기는 모호하여 눈에 보이지는 않지만 사회적 공감대에 의한 구분선은 나름 존재하는 것이다. 정치에도 보수와 개혁 사이에 중도가 존재하듯이 부동산 시장에도 주거 목적과 투기 목적 사이에 자산 관리 목적의 중간 섹터가 존재한다. 주식 시장이 과거 개미 중심의 '냄비 증시'에서 벗어나 세계적 수준으로 성숙된 것도 건전한 투자 문화의 육성이 기여한 바가 크다. 개미나 큰손 중심의 개인 투자 시장에서 기관 투자가나 펀드 등의 간접 투자 중심의 시장으로 '투자의 기관화'가 이루어지면서 주식 시장이 성숙하게 된 것이다. 마찬가지로 부동산 시장도 개인 투자가 중심에서 기관 투자가나 간접 투자가 중심으로 재편될 수 있도록 펀드나 리츠(REITs) 등의 간접 투자 및 기관 투자가 시장을 좀 더 크게 육성하는 것도 한 방편일 것이다. 또한 우리나라 주택 임대 시장의 약 78.9%[1]를 가계 부분이 공

---

1) 한국은행, 「금융안정보고서」, 2017, 78쪽

급하는 시장 상황이 보여주듯이 우리나라 부동산 자산 관리 시장은 개인 투자가를 중심으로 잘 발달되어 있는 시장이다. 그렇다면 이러한 개인 투자가에 의한 부동산 투자도 주택이든 수익형 부동산이든 철저하게 과세의 우산 아래 편입시킴으로써 투기의 굴레를 벗겨주고 동시에 조세 정의도 실현할 수 있도록 하여야 한다.

언론 보도에 따르면 현재 5개 정당 지도부(당 대표와 원내 대표) 10명 중 4명이 다주택자이다. 그뿐만 아니라 청와대 고위 공무원도 15명 중 8명이 다주택자라는 사실이 신문을 통해 보도되자 다주택자인 사람들이 황급히 국민 앞에 사유를 소명하는 해프닝이 벌어졌다. 해명의 진실성 여부를 떠나서 문제는 전혀 실효성 없는 형식적인 잣대를 들이댐으로써 자칫 진중해야 할 정치가 희화화될 수도 있는 것이다. 정책 결정자로서 부동산 시장 또는 주택 문제를 가지고 국민 앞에 설 때에는 좀 더 진지하게 고민해야 하는데 전부터 내려온 정책을 별다른 고민 없이 그저 답습한 결과라고 해석할 수밖에 없어 보인다. 결코 다주택자를 옹호하는 입장은 아니지만 다주택을 보유하고 있다는 팩트만으로 투기꾼이라고 할 수는 없다. 해당 다주택자가 매입, 보유, 처분 과정에서 위장 전입, 미등기 전매, 대출 특혜, 직무상 또는 미공개 정보의 이용, 탈세 등의 투기적 행태를 보였느냐 여부가 투기꾼 여부를 구분하는 합리적 잣대일 것이다.

최고의 투기꾼은 금융 기관이다

경제에서 금융 부분이 차지하는 비중이 가장 크고, 실물과 연계된 각종 파생 상품으로 금융 기법이 고도화된 시대에는 투기꾼을 포함한 부채의 수요자 통제도 중요하지만, 부채의 공급자인 금융 시스템의 관리·감독 측면이 더 중요하고 효율적이다. 하이먼 민스키(Hyman Minsky, 1919-1996)는 역사적으로 반복되는 '금융 위기의 본질'을 연구하는 데 평생을 바친 세계적인 석학으로, 「금융 불안정성 가설」에서 한 나라의 경제를 금융 위기로 몰아가는 핵심 요인으로 '부채의 과잉 누적'을 들었다.[2] 세계적으로도 1990년대 일본 부동산의 폭락, 2008년 미국발 금융 위기 등의 위기 뒤에는 '부채의 과잉 누적'이 있었으며, '부채의 과잉 누적' 뒤에는 반드시 부동산 매수자에게 경쟁적으로 돈을 공급해준 금융 기관이 있었다. 우리나라의 경우에도 1997년 IMF 외환 위기, 2003년 신용카드 대란, 2011년 저축은행 PF 사태, 2017년 부동산 시장의 가계 부채 위기 등 모든 위기 뒤에는 반드시 '부채의 과잉 누적'이 있었으며, 그 뒤에는 반드시 경쟁적으로 돈을 공급해준 금융 기관이 위기의 진원지로서 자리 잡고 있었다. 따라서 당면 과제인 가계 부채의 문제로 만약에 우리나라에 부동산 위기나 경제 위기가 찾아온다면 그에 대한 첫 번째 책임을 져야 할 사람은 금융 기관의 관리·감독을 소홀히 한 정부

---

2) 조지 쿠퍼 지음, 김영배 옮김 『민스키의 눈으로 본 금융위기의 기원』, 리더스하우스, 2009, 6쪽

당국이고, 둘째는 투기적 장세에 무책임하게 경쟁적으로 대출을 확대한 금융 기관이고, 셋째는 투기꾼들이다. 투기꾼들은 탓하면서 투기판에 판돈을 대준 자에 대한 문책이 없다는 것은 말이 되지 않는다. 요즘 부동산 시장에서는 대출 없이 순수하게 자기 자본만으로 부동산을 매입하는 비율은 극히 낮다. 하물며 투기꾼도 반드시 대출을 받아서 부동산을 사게 된다. 결국 부동산 위기 발생의 1차적 저지선은 금융 기관의 대출 및 자금 운용을 효율적으로 통제하는 데 있는 것이다. '부채의 과잉 누적'이 어느 정부에서 이루어졌느냐는 이제 중요하지 않다. 현재 정책 운영의 키를 잡고 있는 사람이 항해의 모든 것을 책임져야 하는 것이다.

금융 기관은 최근의 가계 부채 급증 과정에 자산 운용 측면에서 대출 규모를 늘리면서 일조한 측면이 크다. 앞의 한국은행 보고서에 따르면 은행들은 가계 대출이 기업 여신보다 상대적으로 리스크 프리미엄이 낮기 때문에 가계 대출에 집중하였으며, 예탁금 비과세 혜택 등에 따른 금리 경쟁력 제고로 수신이 호조를 보였던 상호 금융 조합(농협, 수협, 새마을 금고 등)은 증가한 수신을 기업 대출 및 유가 증권 투자보다는 비주택 담보 대출 등 가계 대출로 적극 운용한 것으로 분석되고 있다.[3] 아직

---

3) 앞의 보고서, 84~88쪽

까지는 한국의 금융 기관들이 부동산 시장에 직·간접적으로 참여한 것이 금융 위기 전의 미국의 금융 기관들처럼 투기적으로 참여한 것이라고 보기에는 무리가 있을 수 있지만, 연 100조 원 이상(2015년 117.8조 원, 2016년 139.4조 원)씩 가계 대출 규모를 증가시킨 최근의 행태는 분명히 자산 운용의 효율성을 넘어서서 투기적이었다고 평가할 수 있다. 금융 기관도 이성을 잃을 만큼 시장이 과열되고, 감독·관리에 소홀한 틈이 생기면, 본인도 모르는 사이에 일순간 집단적으로 투기적 참여자로 변질될 수 있는 것이다. 아나톨 칼레츠키(Anatole Kaletsky)도 그의 저서 『자본주의 4.0』에서 새로운 자본주의 시대의 가장 큰 특징은 정부와 시장 모두 잘못될 수 있고, 때로는 이런 오류가 거의 치명적일 수 있다고 지적하고 있다.[4]

주택 시가 총액 3,732조 원, 아파트 시가 총액 2,187조 원, 부동 자금 1,000조 원 시대

2016년 말 기준, 한국은행이 집계한 단기 부동 자금은 1,010조 원으로 처음으로 1,000조 원을 넘으며 역대 최대 규모를 기록했다.[5] 단기 부동 자금은 2008년 말 539조 원에서 약 10년 만

---

4) 아나톨 칼레츠키(Anatole Kaletsky) 지음, 위선주 옮김 『자본주의 4.0』, 컬처앤스토리, 2011, 18쪽
5) KBS NEWS, 2017. 2. 12

에 두 배 가까이 증가하였다. 2016년 말 기준, 시중에 풀린 통화량(M2·광의 통화)이 2,407조 원임을 감안하면 시중 자금의 약 42%가 현금이나 단기성 금융 상품의 형태로 떠도는 셈이다. 한국은행과 통계청이 공동 발표한 2016년 국민대차대조표에 의하면 우리나라 주택의 시가 총액은 2016년 말 기준 3,732조 원이다. 전국의 아파트 시가 총액은 2016년 9월 기준 2,187조 원이고, 서울의 아파트 시가 총액은 749조 원이며, 수도권의 아파트 시가 총액은 1,501조 원이다. 참고로 주식 시장의 시가 총액은 유가 증권 시장과 코스닥 시장을 합해서 2017년 8월 3일 기준 1,864조 원이다. 단기 부동 자금 1,000조 원은 서울의 아파트를 전부 사고도 남는 규모이다. 즉, 시장은 기회만 된다면 언제든지 일시에 투기장으로 변할 수 있는 여건이 형성되어 있는 것이다.

2015년 국민대차대조표에 의하면 2013년 말 기준, 우리나라의 주택 시가 총액은 GDP(gross domestic product, 국내총생산) 대비 2.2배 수준이다. 2001년 1.53배에서 경제보다 주택 가격이 빠르게 상승한 덕분에 배율이 급증하였다. 미국(1.3배), 일본(1.8배), 캐나다(2.0배)보다는 높지만 프랑스(3.2배), 호주(3.0배), 유로 지역(2.8배)에 비해서는 낮은, 중간 수준을 보여주고 있다. 2016년 말 기준으로 하면 우리나라 주택의 시가 총액은 3,732조 원이고, GDP는 세계은행이 미국 달러화 기준으로 집계한 금액이 1조 4,122억 달러(1,135원 환율 적용하면 약 1,601조 원)이므로

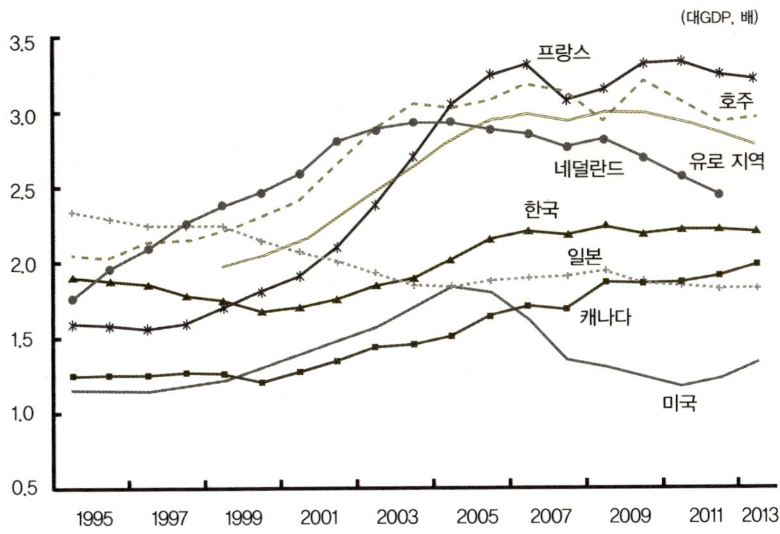

주 한국, 호주, 네덜란드: 경제 전체의 주택 시가 총액,
　미국: 가계 및 비영리단체 보유 부동산
　유로: 가계 및 비영리단체 보유 주택 시가 총액,
　일본: 가계 및 비영리단체 보유 주택 건물분 및 건물 부속 토지
　프랑스, 캐나다: 가계 및 비영리단체 보유 주택 건물분+보유 토지 전체

【자료: 한국은행 2015년 국민대차대조표】

2.3배로 소폭 상승하였다. 미국도 주택 지수가 2013년 말 대비 2017년 5월 기준, 약 19.2%가 상승하였으므로 이 배율이 상승하였을 것으로 추정이 된다. GDP 대비 주택 시가 총액 배율은 특별히 한국만 과대한 것으로 보이지는 않는다.

2

주택 보급률과
인구 1,000인당 주택 수

한 나라의 주택 공급이 얼마나 이루어져 있는가를 판단하는 대표적인 지표는 주택 보급률과 인구 1,000인당 주택 수 두 가지가 있다. 이 두 가지 지표는 절대치를 가지고 한 나라의 주택공급 수준의 적정 여부를 판단하는 지표로 사용되기도 하고, 주택공급 수준을 비교하는 국가간 비교 지표로 활용되기도 한다. 주택 보급률 및 인구 1,000인당 주택 수는 매년 말 국토부와 통계청이 공동으로 발표한다. 참고로 인구 1,000인당 주택 수는 5년마다 발표하였으나 앞으로는 매년 발표할 예정이다.

주택 보급률과 주택 정책

주택 보급률은 우리나라 부동산 시장 가격이 하락할 것으로 보는 하락론자나 가격이 더 상승할 것으로 보는 상승론자 모두 자기의 주장을 펼 때 내세우는 대표적인 지표 중의 하나이다. 부동산 시장의 가격 결정도 가장 근본적으로는 수요와 공급의 법칙에 의하여 지배된다고 전제할 때, 주택 시장의 수요를 대표하는 인구에 기초한 가구 수(분모)와 공급을 대표하는 주택 수(분자)를 하나의 공식으로 묶어서 백분율로 표시한 것이 주택 보급률이다. 따라서 이론상으로는 주택 보급률이 100% 미만일 경우에는 공급 부족(또는 초과 수요) 시장, 100%일 경우에는 수요와 공급이 일치하는 시장 균형, 100%가 넘어가는 경우에는 초과 공급(또는 수요 부족) 시장이 된다. 주택 보급률은 정상적으로 경제가 성장하는 나라를 전제한다면 공급 부족 시장 → 시장 균형 → 초과 공급 시장의 단계를 거치면서 증가하게 된다. 우리나라도 해방 후 인구 폭발 및 급격한 산업화와 도시화를 거치면서 만성적 초과 수요 시장에서 대규모 주택 공급 정책을 통해 시장 균형을 거쳐 초과 공급 시장으로 진입하였다. 우리나라의 주택 보급률은 2015년 기준 102.3%를 기록하고 있다.

그림 2 주택 보급률 증가 추이

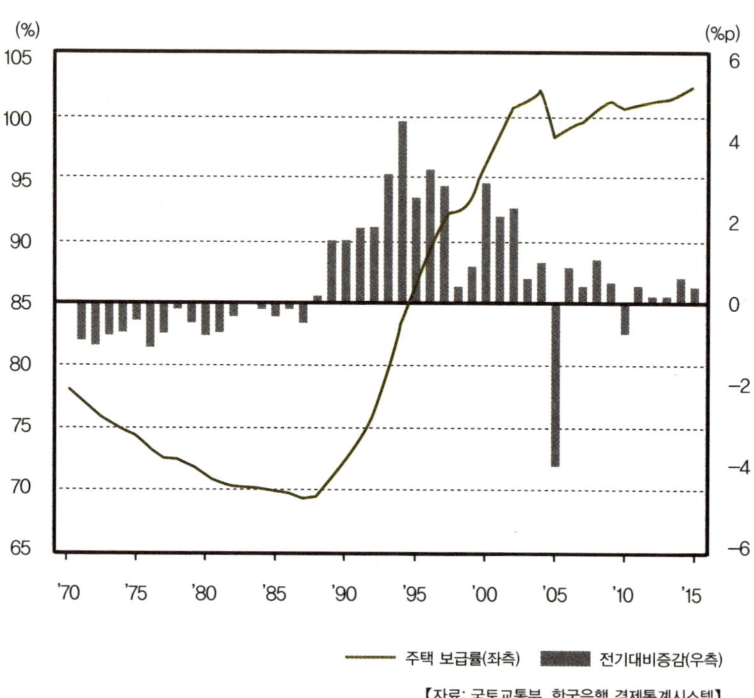

표 1 주택 보급률 증가 추이

시점	1996	1997	1998	1999	2000	2001	2002	2003	2004	2005[1]	2006	2007	2008	2009	2010	2011	2012	2013	2014	2015
지표	89.2	92.0	92.4	93.3	96.2	98.3	100.6	101.2	102.2	98.3	99.2	99.6	100.7	101.2	100.5	100.9	101.1	101.3	101.9	102.3
전기 대비증감	3.2	2.8	0.4	0.9	2.9	2.1	2.3	0.6	1	−3.9	0.9	0.4	1.1	0.5	−0.7	0.4	0.2	0.2	0.6	0.4

주 1) 2005년 데이터부터는 신 기준에 의함

【자료: 국토교통부, 한국은행 경제통계시스템】

우리나라 주택 정책의 목표도 주택 보급률의 추이에 맞추어서 변화하였다. 해방 이후 주택 보급률이 100%를 달성하기 이전인 2002년까지 주택 정책의 첫 번째 목표는 '부족한 주택을 대량으로 공급'하는 것이었고, 주택건설촉진법과 택지개발촉진법은 주택의 대량 건설 및 그에 필요한 택지의 공급이라는 쌍두마차의 역할을 수행하였다. 2002년 기준으로 주택 보급률이 100%를 넘어서게 되자 2003년 주택건설촉진법을 개정하여 주택법이 등장하면서 주택 정책의 목표도 비로소 물량 공급 위주에서 탈피하여 '쾌적한 주거 생활에 필요한 주택의 건설 및 공급' 단계로 진입하게 되었으며 그러한 정책 기조가 2017년 현재까지 지속되고 있다.

▌주택 관련법의 목적 변천 추이 ▌

주택건설촉진법(1972년 제정, 2003년 주택법으로 개정됨)

이 법은 **주택이 없는 국민에 대한** 계획성 있는 주택의 공급과 이를 위한 자금의 조달·운용 및 건실한 주택용 건축 자재의 생산·공급에 관하여 필요한 사항을 정함으로써 국민의 주거 생활의 안정과 공공복리의 증진에 기여함을 목적으로 한다.

택지개발촉진법(1980년 제정)

이 법은 **도시 지역의 시급한 주택난을 해소하기 위하여** 주택 건설에 필요한 택지(宅地)의 취득·개발·공급 및 관리 등에 관

하여 특례를 규정함으로써 국민 주거 생활의 안정과 복지 향
상에 이바지함을 목적으로 한다.

주택법(2003년 제정)

이 법은 **쾌적한 주거 생활에 필요한** 주택의 건설·공급·관리와
이를 위한 자금의 조달·운용 등에 관한 사항을 정함으로써 국
민의 주거 안정과 주거 수준의 향상에 이바지함을 목적으로 한
다(2003년).

이 법은 **쾌적하고 살기 좋은 주거 환경 조성에 필요한** 주택의 건
설·공급 및 주택 시장의 관리 등에 관한 사항을 정함으로써
국민의 주거 안정과 주거 수준의 향상에 이바지함을 목적으
로 한다(2016년).

주택 보급률 100%와 주택 문제의 해결과 관련하여 정부의
장기주택종합계획▪은 주택 보급률이 2002년 100%를 넘어서게
되었음에도 불구하고 제1차 장기주택종합계획(2003~2012)의 목
표를 '(지속적인 주택 공급을 통한) 주택 부족 문제 해소'로 설정
함으로써 주택 보급률 100%가 결코 주택난 해결의 종착역이 아
님을 보여주고 있다.

▌ 장기주택종합계획 ▌

주택법에 의하여 도입되었으며 정부가 10년 단위로 수립하는

법정 계획이다. 장기주택종합계획이란 국민의 현 주거 실태를 바탕으로 10년 후의 경제 상황 및 주택 시장 동향을 감안해 국민의 주거 생활이 나아가야 할 목표를 설정한 것으로, 정부의 주택 정책 수립에 중요한 기초 자료가 된다. 그동안은 매년 연차별 주택건설종합계획을 수립·시행하여 주택 공급 확충과 국민 주거 수준 향상에 주력하여 왔다.

제1차 장기주택종합계획(2003~2012) (지속적인 주택 공급을 통한) 주택 부족 문제 해소

제2차 장기주택종합계획(2013~2022) 보편적 주거 복지 실현

부동산 시장의 하락론자들

우리나라 부동산 시장을 비관적으로 보는 하락론자들이 주장하는 골자는 조금씩은 다르지만 '부동산 가격에 과도하게 거품이 존재한다'라는 「거품론」 또는 '부동산 가격이 고점을 찍었다'라는 「고점론」, 주택 보급률에 근거한 「공급 과잉론」, 일본 경제 추종론에 근거한 「일본 부동산 추종론」 등에 근거하여 대폭락을 전망하기도 한다. 이러한 하락론은 2000년대 이후 등장하게 된다. IMF 외환 위기를 극복하면서 부동산 가격이 IMF 외환 위기 이전 가격을 회복하고도 더 나아가 2000년대 초반 세계적인 저금리 및 자산 가치 상승 추세에 동조화되어 폭등하면서 등장하게 된다.

2000년 이후 하락론을 가장 먼저 주장한 사람은 김태동 전 수석(김대중 정부 경제수석)으로 보인다. 2007년 김태동 전 수석은『문제는 부동산이야, 이 바보들아』라는 저서를 통해 "아파트 분양가의 50~60%가 거품이고 강남 아파트도 60%가 거품이며, 반값 아파트의 공급이 가능하다"라고 주장하면서 "거품에 대한 호된 대가를 치를 수도 있다"[1]라고 경고했다. 그러나 우리나라의 부동산 시장은 2003년 10.29 대책 이후인 '노무현 정부 초반'과 '2008년 금융 위기', '이명박 정부 말기 및 박근혜 정부 초기'의 3차례에 걸쳐 일시 조정을 보이기는 했지만, 2000년 이후부터 2017년 현재까지 약 18년간 추세적인 상승세를 유지하면서 7월 말 기준 KB 부동산 주택매매가격 종합지수 101.9포인트로 (2015년 말 100.0포인트 기준) 2007년 5월 당시(지수 80.8포인트)보다 26.1%가 상승함으로써 50~60% 거품론의 주장을 무색하게 하였다.

김태동 전 수석 이후 하락론을 강하게 제기한 사람은 김수현 현 대통령비서실 사회수석이다. 김수현 수석은 참여 정부에서도 대통령비서실 국민경제비서관, 사회정책비서관, 환경부차관 등을 역임했다. 2011년 그의 저서『부동산은 끝났다』에서 "장기 추세는 급격한 하강 국면은 아니지만 중단기 요소들은 하강 압력이

---

1) 김태동 · 김헌동 공저 『문제는 부동산이야, 이 바보들아』, 궁리, 2007, 39~41쪽

지속된다고 볼 수 있으며, 향후 3~4년간 주택 가격 하향 안정세 추세가 계속될 것으로 전망하지만, 일본식 장기 거품 붕괴는 나타나지 않을 것"으로 예측했다.[2] 그러나 김태동 전 수석의 경우보다는 덜 하지만, KB 부동산 주택매매가격 종합지수는 2011년 7월 당시 91.6포인트에서 11.2%가 상승한 2017년 7월 말 기준 101.9포인트를 기록함으로써 하향 안정세의 전망을 역시 무색하게 하고 있다. 김수현 수석의 최근 부동산 시장 전망은 어떨까? 김수현 수석은 사회수석에 임명된 직후 임명 일성으로 "한국 경제가 고도성장의 끝에서 저성장의 길로 들어가는 진통을 겪고 있다. 부동산 가격의 급락이나 폭락을 막아야 한다"[3]라고 주장함으로써, 하락론의 입장이 하향 안정세에서 급락이나 폭락도 발생될 수 있다는 좀 더 급진적인 시각으로 이동하였음을 보여주고 있다. 김수현 수석의 언급처럼 부동산 가격의 폭락이 예상된다면 매년 10조 원씩 들여서 도시 재생 사업을 추진할 것이 아니라 매년 10조 원의 충당금을 쌓아야 하는 것이 맞을 것이다. 아이러니컬하게도 김수현 수석은 본인의 시장 전망과는 상반되게 현재 부동산 시장의 과열을 진정시키는 정책의 컨트롤 타워 역할을 수행하고 있다.

---

2) 김수현 『부동산은 끝났다』, 오월의 봄, 2011, 61~62쪽
3) 아주경제, 2017년 5월 15일자

2011년의 김수현 수석 이후 하락론자는 2013년 말의 선대인 소장이 으뜸이었다. 하락론자들이 우리나라 부동산 시장의 가격 하락, 나아가 폭락을 전망하면서 내세우는 대표적인 논거 중의 하나가 주택 보급률 기준이다. 주택 보급률이 100%를 넘어서서 초과 공급 시장으로 진입하였다는 것이다. 선대인 소장은 본인의 하락론에 좀 더 정당성을 부여하기 위해서 『선대인, 미친 부동산을 말하다』에서 (종전) 주택 보급률을 인용하면서 115%가 넘어섰다고 과장되게 인용하기도 했다.[4] 후술되겠지만 선대인 소장이 인용한 (종전) 주택 보급률(국토부의 구(舊) 주택 보급률을 말한다)은 '다가구 주택 구분 거처'와 '가구 수'의 집계 문제로 2008년 이후 보완된 신(新) 주택 보급률이라는 통계치가 발표되기 시작되고도 한참이나 지난 시기의 자료였다.

선대인 소장과 동시기에 대한민국 부동산 시장을 하락론에 놓고 본 대표적인 하락론자 중의 하나는 2018년 인구 절벽론을 주장하는 해리 덴트(Harry S. Dent Jr.)이다. 그는 저서 『2018 인구 절벽이 온다』에서 '가장 훌륭한 선행 지표는 인구 구조'라는 「인구 구조론」에 기초하여 세계 경제를 전망하고 있다. "한국은 일본에 22년 후행하는데 일본 부동산 시장은 1991년 고점을 찍고 극심한 버블 붕괴를 맛보았다. 한국 부동산은 2013년에

---

4) 선대인 『선대인, 미친 부동산을 말하다』, 웅진지식하우스, 2013, 204쪽

이미 정점을 찍었기 때문에 장기 하락세를 지속하면서, 23년간 이어지는 침체 속에서 결코 회생의 징후를 보이지 못할 것”이라고 전망했다.[5] 일본 경제가 GDP 규모 등 여러 측면에서 한국보다 선진국이라는 데에는 이론의 여지가 없지만, 각론으로 가면 산업별 우열이 엄연히 상존하는데 한국이 일본에 22년 뒤져 있기 때문에 (이런 주장은 필자가 박정희 정부 시절에나 들었던 이야기로 기억한다) 한국 부동산도 22년 뒤져서 똑같이 일본 부동산을 쫓아간다는, 세계적인 미래 예측 작가의 ‘기괴한 식민주의적 발상’에 입맛이 씁쓸할 뿐이다. 「인구 구조론」에 기초한 해리 덴트의 약장수 기질은 부동산을 넘어 경제 전망에서 클라이맥스에 다다르게 되고, 마치 사이비 종교의 종말론자처럼 ‘장렬한 최후’를 연출한다. 그는 앞의 저서에서 “미국의 다우존스 산업 평균 지수(Dow Jones industrial average)는 17,000포인트에서 2016년까지 5,000포인트 수준으로 폭락할 것이며, 한국의 코스피(KOSPI, 종합주가지수)는 2011년에 2,230포인트까지 올라갔지만 920포인트까지 추락할 수 있다”라고 예언하고 있으며, “만약 중국의 버블 붕괴가 끔찍하게 이뤄진다면 코스피는 350포인트까지도 내려갈 수 있다”라고 휴거론적 전망을 하고 있다.[6] 참고로 미국의 다우존스 산업 평균 지수는 2017년 8월 24일 현재

---

5) 해리 덴트(Harry S. Dent Jr) 지음, 권성희 옮김 『2018 인구 절벽이 온다』, 청림출판, 2015, 9~10쪽
6) 위의 책 13쪽

21,812포인트이며, 한국의 코스피는 2,375포인트를 기록하고 있
다. KB 부동산 주택매매가격 종합지수도 101.9포인트로 2013년
1월 93.4포인트 대비 9.1%가 상승했다.

▍인구 절벽론▍

인구 절벽론은 주택 보급률의 분모인 인구(가구 수)에 기초해
서 부동산 시장을 전망하고 있다. 분모인 인구(가구 수)가 감
소하니 주택 수는 그대로 있어도 주택 보급률은 증가하게 되
고, 그에 따라 주택의 가격은 하락한다는 것이다.

해리 덴트와 선대인 소장의 공통점 중의 하나는 「일본 경제
추종론」에 기반한 대세 하락론이다. 두 사람 모두 한국 부동산
시장에 대하여 '책 발간 시점 이후부터 지속적으로 하락한다'라
고 예측했는데, 우리나라 부동산 시장이 책 발간 시점 조금 전
인 2013년 중반부터 지속적으로 상승하는 바람에 2017년 9월
현재 「일본 경제 추종론」에 기반한 대세 하락론은 한국부동산
시장에서 퇴출되었다. 그렇다고 해서 우리나라 부동산 시장에
서 폭락의 가능성까지 영원히 사라진 것은 아니다. 다만 해리
덴트와 선대인 소장식의 하락론자들이 주장을 편 시점이 폭락
론을 설파하는 데는 최악의 시점이었을 뿐이다. 2000년 이후 전
세계적으로 금리가 제로 수준까지 하락했다가 리바운드되는 것
이 반복되는 상황에서 금리 인상의 폭과 속도에 따라 폭락의 개

연성은 언제든지 상존하는 것이다. 또한 대분류에서는 같은 하락론자일지라도 김태동 전 수석과 김수현 수석의 경우 해리 덴트와 선대인 소장과는 입장 및 평가가 다르다고 할 수 있다. 김태동 전 수석은 시민운동(경실련) 경력 및 개혁 세력으로 정권이 이양된 최초 정부에서의 경제수석이라는 배경이 있고, 김수현 수석은 빈민 운동 및 빈곤 연구에 헌신했던 배경이 있다. 헤켈의 '정반합(正反合)의 원리'를 인용한다면 합(合)으로 이행하기 위한 반(反)의 단계에서 중책을 맡았기 때문에 '부동산 가격 상승'을 경제 민주화와 빈부 격차 해소에 역행하는 대표적인 현상 중의 하나로 인식하는 것은 일정 부분 공감할 수 있다. 중분류를 한다면 시장 비판론자라는 표현이 더 적절할 수도 있을 것이다.

하락론자들의 반대편에 서 있는 상승론자들이 주택 보급률을 내세워서 주택 시장이 공급 과잉이 아니라고 주장하는 논거 중의 대표적인 것이 주택 보급률 통계의 문제와 선진국의 주택 보급률 현황이다. 상승론자중 한 명인 〈하나금융투자〉의 채상욱 애널리스트는 우리나라는 주택 수가 절대적으로 부족한 나라인 데다가 2035년까지 연평균 19만 6,000가구가 새롭게 생기므로 증가할 가구 수에 맞게 향후 20년간은 꾸준히 주택을 공급해주어야 하며, 중장기 주택 시장의 가격 흐름은 상당히 오랜 기간 상승 흐름을 이어갈 것으로 전망하고 있다.[7] 주식 시장 격언 중에 "시세는 시장(시세)에게 물어보라"라는 말이 있는데, 여하튼 부동산 시장은 내로라하는 전문가들의 하락론에도 불구하고 2000년 이래 약 18년 동안 추세적인 상승세를 유지하면서 조정다운 조정을 보여주지 않았기 때문에, 현재까지는 상승론자들이 판정승한 것으로 볼 수 있다. 하지만 문재인 정부 재임 기간에 제대로 된 조정장이 찾아온다면 부동산 시장의 미래를 놓고 하락론자들과 상승론자들간에 한바탕 격론이 벌어질 수도 있을 것이다. 김수현 수석도 2011년 앞의 저서에서 주택 보급률을 산정함에 있어서 실질적으로 여러 세대가 거주함에도 불구하고 한 채의 주택으로 계산되는 방식(다가구 주택 미구분 거처■), 실제로는 주택으로 이용되는 비율이 절반을 넘어가는 오피스텔이 주택 수에서 제외되는 등의 주택 보급률 산정의 문제점을 지적하고 있다.

▌ 다가구 주택 미구분 거처 ▌

다가구 주택은 건축법 및 주택법상 단독 주택에 해당하지만, 거주 형태는 마치 공동 주택의 다세대 주택과 같다. 8가구가 살고 있는 다가구 주택을 소유권 기준으로 1동으로 계산하는 것을 '다가구 미구분 거처'라고 하고, 8개의 호수로 계산하는

---

7) 채상욱 『뉴스테이 시대, 사야 할 집 팔아야 할 집』, 헤리티지, 2016, 43~44쪽, 129쪽

것을 '다가구 구분 거처'라고 한다.

또한 김수현 수석은 앞의 저서에서 "2010년 기준 주택 보급률 101.9%, 서울 97.0%와 관련하여 선진국들은 100%를 넘어선지 오래고 대개 110~120%에 이르는 정도이다. 아직 수도권의 경우 집이 더 필요한 것은 분명하다. 다만 그것이 모두 넓은 새 아파트여야 하는 것은 아니기 때문에 주의할 필요가 있다. 작은 집, 기존 주택을 고치는 방법도 중요한 것이다"라고 했다.[8] 문재인 정부 주택 정책의 골자인 도시 재생 사업의 출발점을 확인할 수 있는 대목이다. 결국 문재인 정부 부동산 정책의 이념과 방향의 실질적 설계자는 김수현 수석이라고 할 수 있다.

주택 보급률 100%의 한계

주택 보급률은 비록 통계의 비현실성으로 인해 몇 번 방식을 바꾸어 수치의 조정이 있었지만, 2000년대를 넘어서면서 어느 방식으로 하든 100%를 넘어선 것은 확실해 보인다.

---

8) 김수현, 앞의 책, 25쪽

표 2 지역별 주택 보급률: 2011~2015

항목명1	단위	변환	2011	2012	2013	2014	2015
주택 보급률 (전국)	천호	원자료	100.9	101.1	101.3	101.9	102.3
수도권	천호	원자료	96.8	97.3	97.3	97.7	97.9
서울	천호	원자료	94.7	94.8	95.1	96	96
지방	천호	원자료	104.6	104.7	105.1	105.8	106.5
부산	천호	원자료	100.1	100.8	101.7	102.6	102.6
대구	천호	원자료	101.3	101	101.2	100.5	101.6
인천	천호	원자료	101.8	102.7	101.7	101.3	101
광주	천호	원자료	102.4	101.9	102.6	103.9	103.5
대전	천호	원자료	102.6	102.6	102	102.6	102.2
울산	천호	원자료	105.3	105	105.4	106.3	106.9
경기	천호	원자료	97.6	98.3	98.1	98.3	98.7
강원	천호	원자료	107.4	106.8	106.3	106	106.7
세종	천호	원자료					123.1
충북	천호	원자료	108	107.9	108.8	109.5	111.2
충남	천호	원자료	105.1	105.6	105.8	107.9	108.3
전북	천호	원자료	107.2	107.1	106.9	107.5	107.5
전남	천호	원자료	107.7	107.8	108.5	109.6	110.4
경북	천호	원자료	109.5	109.6	110.2	111.2	112.5
경남	천호	원자료	104.4	104.3	105	105.8	106.4
제주	천호	원자료	95.6	96.4	98.4	98.7	100.7

【자료: 국토교통부】

　그렇다면 주택 보급률이 100%를 넘어섰다고 해서 주택의 공급은 더 이상 필요하지 않은 것인가? 전혀 그렇지 않다. 만약에 주택의 가격이나 규모 등에는 수준 차가 있더라도 1가구 1주택 수준으로 자원의 효율적 배분이나 자산의 형평에 맞는 분배가 이루어져 있다면 '멸실 수요(노후되어 퇴출되거나 재건축·재개발 등으로 철거되는 주택)'를 제외한 주택의 추가 공급은 필요하지 않을 것이다. 그러나 비록 주택 보급률이 100%를 넘어섰다고 하더라도 자가 보유율이 61.3%(2010년 기준)밖에 안 되고, 서울, 경기, 수도권 등 우리나라의 주택 문제 및 가격을 대표하는 지역들의 주택 보유율이 100%가 안 되는 등 소유의 편중과 지역적 편중 문제 때문에 일정한 공급 초과 수준까지는 주택을 매년 늘려주어야 한다. 특히 공급 부족 지역은 꾸준히 공급을 늘려주어야 한다. 그 공급 수량에 있어서는 '멸실 수요'가 있기 때문에 순증가가 되게 하려면 '멸실 수요'보다는 더 많은 수량의 주택 공급이 이루어져야 한다. 수요가 고정되어 있는 상태에서 적정 공급량을 추정하기도 쉽지 않은데, 멸실 수요, 인구의 증감, 가구 수의 증가, 노령화 등 수요가 변동하는 상황에서 적정 공급량을 산출하는 것은 마치 움직이는 타깃에 사격을 하는 것만큼이나 어려운 일일 것이다. 정부의 제2차 장기주택종합계획(2013~2022년)[9]에서는 그 수량을 연 평균 39만 호로 보고 있

---

9) 국토부 발표, 2013년 12월 31일

으며, 그에 따라 해당 계획의 완료 시점인 2022년에는 거처 구
분을 고려한 주택 보급률이 전국은 106.5%, 수도권은 104.8%
가 될 것으로 전망하고 있다. 다만 해당 자료가 2013년 12월 말
에 발표된 자료라 문재인 정부의 적정 공급 수량에 대한 판단은
2017년 말쯤이 되어야 나오지 않을까 본다.

표 3 중장기 주택공급계획

연도	1990년대	2003~2012년	2013년~2022년
주택공급계획(연평균)	52만 호	48만 호	39만 호 (수도권 22만 호)

【자료: 국토교통부】

〈그림 3〉 주택보급율 비교: 2014 기준

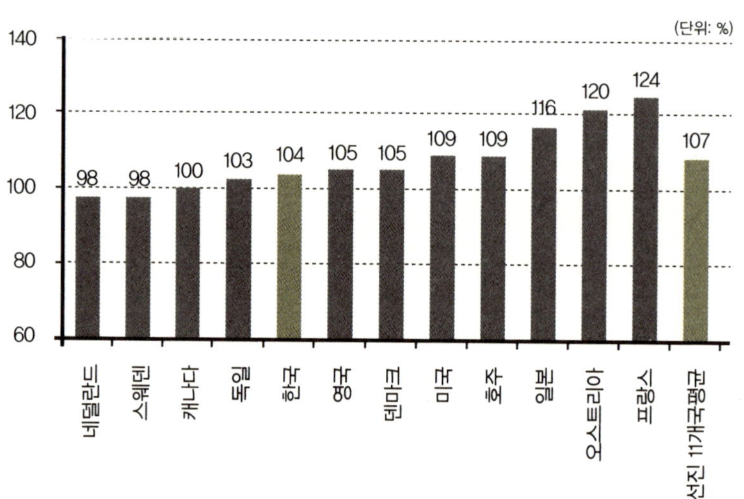

【자료: 진미윤·김수현 공저, 『꿈의 주택정책을 찾아서』, 오월의봄, 2017】
【출처: 각국의 통계청】

또한 주택 보급률이 100%가 넘어섰다고 해서 주택 부족, 가격 급등, 전·월세가 급등 등으로 대변되는 주택 문제가 모두 해결되는 것은 아니다. 대학 정원이 대학 입시 응시생보다 많아졌다고 해서 입시 지옥의 문제가 해결되는 것이 아닌 것과 같다. 주택 보급률이 100%를 넘어선 지 오래인 미국, 영국, 일본 등 선진국들도 주택 문제는 늘 남아 있으며 정부 정책의 주요한 위치를 차지하고 있다.

부동산 시장 전체로는 충분히 초과 공급 상태일지라도 지역별·상품별 또는 주거 시프트 욕구 등에 의하여 초과 수요가 늘 존재하며, 높은 무주택자 비율(또는 낮은 자가 보유율)에 의한 사회적 형평성의 문제도 남는다. 다만 초과 공급 상태이기 때문에 매매 가격과 임대료를 결정함에 있어서 그동안 소유자들 쪽으로 일방적으로 치우쳤던 가격 결정의 균형추를 중간으로 이동시킬 수는 있을 것이다. 결론적으로 주택 보급률은 시장 전체를 조망할 수 있는 시장 분석 지표에 해당한다. 즉, 시장 전체가 초과 수요 상태에 있는지, 균형 상태에 있는지, 초과 공급 상태에 있는지를 판단하는 데는 매우 유용한 지표이지만 지역별, 개별 부동산의 흐름과 반드시 일치하지는 않는 것이다.

인구 1,000인당 주택 수의 증가 추이

인구 1,000인당 주택 수[■]는 주택 보급률과 같이 주택 보급의 양적 지표이나, 가구 수가 아닌 인구수로 주택 보급을 측정하는 지표이다. 가구 수보다는 인구수가 측정이 용이하므로 주택 보급률에 비해 주택의 양적 수급 여건 변화를 보다 정확하게 측정 가능하다.[10] 인구 1,000인당 주택 수는 5년마다 발표하였으나 앞으로는 매년 발표할 예정이다. 전국 및 주요 도시의 인구 1,000인당 주택 수는 다음과 같다.

▌ **인구 1,000인당 주택 수 산정 방식** ▌

$$\cdot \text{인구 1,000인당 주택 수} = \frac{\text{주택 수}}{\text{인구수} / 1{,}000}$$

· **주택 수** 빈집을 포함한 전국의 모든 주택을 포함한다.

---

10) e-나라지표

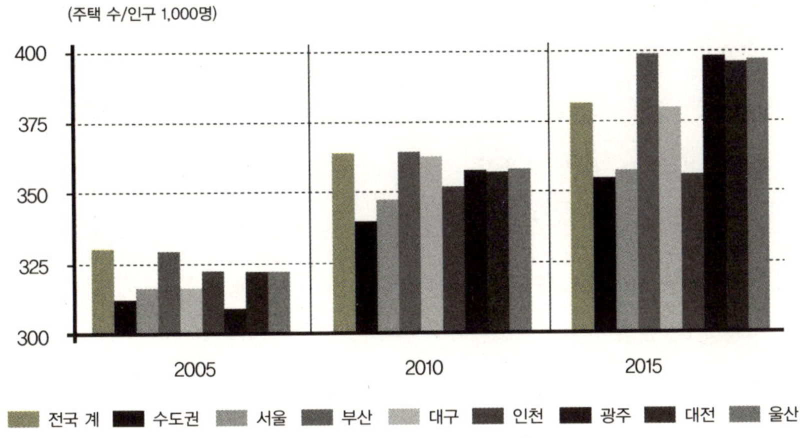

표 4 전국 및 주요 도시 인구 1,000인당 주택 수

구분	2005년	2010년	2015년		
			인구수	주택 수 (구분거처반영)	1,000인당 주택 수
전국	330.4	356.8	51,069,375	19,559,121	383.0
수도권	314.7	336.2	25,273,824	9,016,836	356.8
서울	315.9	342.0	9,904,312	3,633,021	366.8
부산	329.5	358.5	3,448,737	1,370,184	397.3
대구	316.4	355.8	2,466,052	943,431	382.6
인천	322.1	343.5	2,890,451	1,055,362	365.1
광주	308.8	355.0	1,502,881	586,792	390.4
대전	321.9	354.8	1,538,394	595,175	386.9
울산	321.7	360.0	1,166,615	452,603	388.0

【자료: 국토교통부, 통계청】

    인구 1,000인당 주택 수는 1995년 214.5호에서 2000년에는 248.7호(1995년과 2000년 통계치는 다가구 주택 구분 거처를 반영하지 않은 수치임), 2005년에는 330.4호(현장 조사 방식 기준), 2010년에는 356.8호(등록 센서스 방식 기준), 2015년에는 383.0호(등록 센서스 방식 기준)로 꾸준히 증가하였다. 이는 지속적인 주택 공급으로 인해 늘어나는 주택 수의 증가율이 총 인구수의 증가율보다 높기 때문에 인구 1,000인당 주택 수가 높아지는 것임을 시사하고 있다. 한편 수도권의 경우 2015년 인구 1,000인당 주택 수(356.8호)가 전국 평균(383.0호)보다 상대적으로 낮아 수도권에 주택 공급을 확대할 필요가 있음을 보여주고 있다. 그러나 인구 1,000인당 주택 수는 비교 대상인 주요 선진국에 비해서는 여전히 낮은 수준이다. 따라서 주택 공급이 지속될 필요가 있음을 보여주고 있다. 다만 2005년에서 2015년 사이에 5년 평균 약 26호(1년 평균 5.2호)의 증가가 있었음을 감안했을 때 현재의 주택 보급 수준이 지속된다면 미국이나 영국의 인구 1,000인당 주택 수 수준에 10년 이내에 도달할 수 있을 것으로 보인다.

(단위: 호)

연도	1995	2000	2005	2010	2015
인구 1,000인당 주택 수	214.5	248.7	330.4	356.8	383.0
전기대비증감	–	+34.2	+81.7	+26.4	+26.2
산정방식	현장조사	현장조사	현장조사	등록센서스	등록센서스

【자료: 국토교통부】

(단위: 호)

국가	한국	미국	영국	일본
인구 1,000인당 주택 수	383.0	419.4	434.6	476.3
기준연도	2015	2015	2014	2013

【자료: 국토교통부 보도자료】

국토부 제2차 장기주택종합계획(2013~2022년)에서도 2022년이면 422호(수도권 398호)로 증가할 것으로 전망하고 있다. 추정 당시가 현장 조사 방식이었음을 감안하여 등록 센서스 방식으로 10호 정도를 차감하더라도 400호가 넘어가면서 선진국 수준에 근접할 것으로 보인다. 인구 1,000인당 주택 수는 주택 보급률과 같이 주택 보급의 양적 지표이기 때문에, 주택 재고의 절대 부족 문제가 해결된 선진국에서는 주택 보급률을 지속적인 정책 지표로 사용하지 않고, 분석 목적 및 대상에 따라 국지적, 부분적, 간헐적 주택 보급률을 계산하여 활용하고 있으며, 우리나라가 처한 무주택자 문제, 전·월세 문제 등을 해결하는 지표로서는 한계가 뚜렷한 지표이다. 인구 1,000인당 주택 수는 주택 수를 산정함에 있어서는 빈집을 포함한 전국의 모든 주택을 기준으로 하고 있다.[11] 참고로 통계청 인구주택총조사에 따르면 2016년 11월 기준 전국의 빈집 수는 112만 호이며, 아파트가 58만 호로 가장 많고 단독 주택은 27만 8000호이다.

---

11) 위의 지표

○ 주택 보급률의 정의

주택 보급률은 한 나라의 주택 수를 가구 수로 나눈 비율을 말한다. 주택 보급률은 통계치이기 때문에 기준을 어떻게 산정하느냐에 따라서 그 결과치가 달라질 수 있다. 분자인 주택 수를 산정함에 있어서는 여러 가구가 거주하는 다가구 주택을 몇 개로 계산할 것이냐의 문제와 분모인 가구 수를 계산함에 있어서 1인 가구의 인정 여부가 주요 쟁점이 되었다. 또한 2015년 인구주택총조사 부터 현장 조사가 아닌 등록 센서스 방식으로 바뀌게 된다. 그에 따라 2008년과 2015년의 두 차례에 걸쳐서 수치 조정이 이루어지게 되고, 2008년 이전 방식을 '舊주택 보급률'이라 하고, 2008년부터 2014년까지 방식을 '新주택 보급률'이라 하고, 2015년 이후 방식을 '등록 센서스 新주택 보급률'이라 한다.

$$\text{주택 보급률} = \frac{\text{주택 수}}{\text{가구 수}} \times 100$$

○ **2008년의 수치 조정**

· 다가구 주택 구분 거처 반영

주택 수를 산정함에 있어서 '다가구 주택의 구분 거처'를 반영하였다.

· 1인 가구 반영

가구 수를 산정함에 있어서도 기존의 '보통 가구' 기준에서 1인 가구를 포함하는 '일반 가구'로 전환하였다.

보통 가구

=총 가구 – 집단 가구(보육원 등) – 외국인 가구 – 1인 가구 – 5인 이하 비혈연 가구

일반 가구

=총 가구 – 집단 가구(보육원 등) – 외국인 가구

2008년의 수치 조정 결과 2005년 전국 주택 보급률은 舊주택 보급률 105.9%, 新주택 보급률 98.3%로 차이가 발생하게 된다.

○ **2015년의 수치 조정**

통계청은 5년 단위로 '인구주택총조사'를 실시하여 그 결과를 토대로 주택 보급률을 산정하는데 2015년 인구주택총조사부터 방문 조사가 아닌 등록 센서스로 조사를 수행함에 따라 결과 값에 일부 변동이 되어 주택 보급률이 조정되었다.

등록 센서스

주민등록부, 건축물 대장 등 행정 자료를 이용하여 현장 조사
없이 인구·가구·주택에 대한 통계를 생산하는 방식

표 7 방식별 주택 보급률 비교

〈'10년 인구주택총조사 이후 주택보급률 유형 간 비교〉

구분	'10	'11	'12	'13	'14	'15
舊주택 보급률	112.9	114.2	115.4	116.7	118.1	-
新주택 보급률	101.9	102.3	102.7	103.0	103.5	-
등록센서스 新주택 보급률	100.5	100.9	101.1	101.3	101.9	102.3

【자료: 국토교통부】

3

투자 수익률,
'부동산의 국제 가격 표준'

부동산의 가격은 투자 수익률이 결정한다

"부동산에는 정가가 없다"라는 유명한 말이 있다. 과연 부동산에는 정가가 있을까? 없을까? 전제 조건이나 시각에 따라 다르겠지만 필자는 수학처럼 똑 떨어지는 수치는 아닐지라도 정가가 있다는 입장이다. 부동산 시장에는 시장 참여자들에게 보편적인 객관성을 획득한 '부동산의 가격 표준(price standard)'이 존재하므로 그 가격 표준에 의하여 결정된 가격은 나름의 보편성을 획득한 부동산의 가격이 되는 것이다.

부동산 시장에서 '보이지 않는 손(invisible)'이 되어 가격 표준의 역할을 수행하는 것이 투자 수익률이다. 여기서 말하는 투자 수익률은 부동산의 보유 기간이나 매도 차익은 무시하고 단순히 투자 금액 대비 매년 얼마의 수익을 올릴 수 있는가를 기준으로 한 단순 수익률(Current Yield)을 말한다. 예를 들면 부동산에 총 10억 원을 투자해서 연 4,000만 원의 임대 수익을 올리고 있다면 해당 부동산의 투자 수익률은 연 4%가 되는 것이다. 투자 수익률은 부동산의 입지와 반비례한다. 부동산의 입지가 좋을수록 공실이나 가격 하락의 위험이 낮고 매도 차익을 누릴 가능성이 높기 때문에 투자 수익률은 낮고, 부동산의 입지가 좋지 않을수록 공실이나 가격 하락의 위험이 높고 매도 차익을 누릴 가능성이 낮기 때문에 투자 수익률은 높게 형성이 된다. 지역을 기준으로 하면 투자 수익률은 서울, 수도권, 비수도권 대도시 순으로 갈수록 높게 형성이 된다. 같은 서울이라도 당연히 강남권 등이 투자 수익률이 가장 낮게 형성이 된다. 즉, 같은 부동산이라도 그만큼 가격이 높다는 말이 된다.

서울의 부동산 시장에서 빌딩은 투자 수익률 약 4.0% 내외를 기준으로 거래가 되고 있다. 계산의 편의상 4.0%라고 하자. 그렇다면 보증금 10억 원에 월세 6,000만 원을 받는 빌딩이 150억 원에 매물로 나와 있다면 해당 물건의 시세는 비싼 것일까? 아니면 싼 것일까? (취득에 따른 총 비용은 취득 가격의 6.0%라고 가정하자). 해당 부동산의 투자 수익률을 계산해서 기준이 되는 투자 수익률이 4.0%보다 높다면 싼 물건이고, 4.0%보다 낮다면 비싼 물건이 될 것이다. 계산 결과 4.83%의 투자 수익률이 나왔다. 다른 조건이 동일하다면 해당 부동산은 투자 수익률이 다른 부동산보다 0.83%가 높은, 싼 가격에 매물로 나와 있다고 판단할 수 있다. 투자 수익률을 계산해보면 다음과 같다.

총투자금액 = 매입금액 150억 원+총취득비용 9억 원(6%)=159억 원

순투자비용 = 159억 원 − 10억 원(보증금)=149억 원

연임차수익 = 6,000만 원×12=7억 2,000만 원

투자 수익률 = 7억 2,000만 원 ÷ 149억 원×100=4.83%

해당 부동산을 부동산 시장에서 기준이 되는 투자 수익률 4.0%로 환산하면 매매 가격은 얼마일까? 계산 결과 179억 원이 나왔다. 다른 조건이 동일하다면 해당 부동산은 금액 기준으로 다른 부동산보다 29억 원이나 싼 놀랄 만한 가격에 급매물로 나와 있다고 판단할 수 있다. 투자 수익률로 매매 가격을 환산해보면 다음과 같다.

연임차수익=6,000만 원×12=7억 2,000만 원

투자 수익률 4%

환산순투자금액=7억 2,000만 원÷4%=180억 원

총취득비용=약 11억 원 (=179억 원×6%=10.7억 원)

환산매매가격=180억 원+10억 원(보증금)-11억 원(총취득금
액)=179억 원

해당 부동산은 서울 부동산 시장의 투자 수익률 4.0%를 기준으로 하면 가격은 29억 원, 투자 수익률은 0.83%나 싼 매물에 해당한다. 매물 가격을 놓고 미루어 추정하면 해당 빌딩은 어딘가에는 29억 원 또는 0.83%나 싸게 또는 급하게 팔아야 할 하자나 사유가 존재한다고 추정할 수 있을 것이다.

이번에는 건축물이 없는 건축이 가능한 나대지의 가격을 투자 수익률로 추정해보자. 지하 2층 300평, 지상 5층 700평을 신축할 수 있는 대지 200평(660㎡)이 있으며, 건축물이 신축된 후 해당 임대 수익은 보증금 10억 원에 월세 4,000만 원을 받을 수 있다고 한다. 해당 대지의 가격(또는 3.3㎡당 가격)은 얼마가 적정할까? 건축비는 부대 비용 포함해서 3.3㎡당 500만 원이며(건축비 총액 50억 원), 부가가치세, 취득세, 각종 부담금 등 기타 비

용은 설명의 편의상 없다고 가정하자. 준공이 된 후 투자 수익률 4%로 환산한 해당 부동산의 가격은 130억 원이 된다. 계산 과정은 다음과 같다.

연임차수익=4,000만 원×12 = 4억 8,000만 원

투자 수익률 4%

환산순투자금액=4억 8,000만 원÷4%=120억 원

환산매매가격=120억 원+10억 원(보증금)=130억 원

그러면 해당 대지를 매입해서 신축하고자 하는 매수자가 대지 가격으로 줄 수 있는 이론상 최대 한도는 80억 원(=환산매매가격 130억 원-건축비 50억 원)이 된다. 80억 원을 기준으로 여러 가지 사유를 내세워서 싸다, 비싸다 또는 적정하다의 표현이 오가며 흥정이 이루어질 것이다.

이번에는 대지화가 이루어지지 않은 농지나 임야 상태의 가격을 투자 수익률로 추정해보자. 농지나 임야 상태의 토지를 놓고 가격이 싸다, 비싸다를 판단할 수 있는 기준은 무엇일까? 도시에서 다소 떨어진 근린 생활 부지로 개발 허가를 받을 수 있는 임야 1,000평($3,300m^2$)이 $3.3m^2$당 50만 원에 매물로 나왔다고 하자. 해당 임야의 가격은 적정한 것일까? 먼저 해당 임야와 상

황이 같은 근린 생활 부지의 가격에서부터 출발하면 된다. 해당 토지와 상황이 똑같은 근린 생활 부지의 $3.3m^2$당 가격은 100만 원에 거래된다고 하자. 허가 비용, 토목 공사 비용 등 제반 개발 비용 일체는 $3.3m^2$당 30만 원이라고 하자. 그러면 미개발 상태의 해당 임야에 매수자가 지불할 수 있는 최대 가격은 $3.3m^2$당 70만 원(= 100만 원-30만 원)이 된다. 매도자가 요구한 매매 가격 $3.3m^2$당 50만 원을 놓고 매수자의 입장이 실수요자인 경우 직접 개발을 하면 $3.3m^2$당 20만 원이라는 이익을 얻을 수 있으니 흥정해볼 만한 가격이지만, 개발해서 분양할 목적인 사람에게는 $3.3m^2$당 80만 원을 투자해서 20만 원의 이익을 남기기에는 수지가 잘 맞지 않는다고 할 것이다. 물론 임야 가격의 기준이 되는 개발이 완료된 근린 생활 부지 $3.3m^2$당 100만 원의 가격은 앞의 건축이 가능한 나대지의 가격 추정과 동일한 방식에 의하여 산정된 적정한 가격이라는 것을 전제로 한 것이다.

투자 수익률은 금리에 의하여 결정된다

여기서 놓쳐서는 안 될 중요한 한 가지는 빌딩이나 나대지 또는 임야의 가격을 결정하는 데 모두 동일한 기준인 4%의 투자 수익률이 가격 표준으로서의 역할을 수행하고 있다는 것이다. 그렇다면 부동산의 가격을 결정하는 투자 수익률 4.0%는 어디서 또는 누가 결정하는 것일까? 투자 수익률은 금리의 그림자이며 금리의 변동에 의하여 결정된다. '하이 리스크 하이 리턴, 로우 리스크 로우 리턴(high risk high return & low risk low return)' 원칙에 의하여 중앙은행에서 발표하는 기준 금리를 기준으로 투자 상품별로 차등화된 리스크 프리미엄을 더한 것이 해당 상품의 가격을 결정하는 투자 수익률인 것이다.

▌리스크 프리미엄(위험 프리미엄, risk premium) ▌

투자를 할 경우 위험에 대한 보상으로 추가로 주어지는 수익률을 위험 프리미엄이라고 한다. 위험의 정도에 따라 차등화되어 있으며, 안전한 자산일수록 위험 프리미엄이 낮고 위험한 자산일수록 위험 프리미엄이 높다.

사례를 들어 설명하면 다음과 같다. 2017년 8월 28일 현재 한국의 기준 금리는 1.25%이고, 예금 은행 수신 금리는 1.49%이며, 대표적 시장 금리인 국고채(3년)는 1.76%이고 회사채(3년, AA$^-$)는 2.31%이다.

표 8 상품별 금리 비교(2017년 8월 28일 현재)〉

구분	금리(수익률) (%)
기준 금리	1.25
예금은행 수신 금리[1]	1.49
국고채(3년)	1.76
회사채(3년, AA⁻)	2.31

1) 예금은행 수신금리: 가중평균, 신규취급액 기준

【자료: 한국은행 경제통계시스템】

즉, 한국의 기준금리 1.25% 수준 아래서 투자가가 가장 안전한 자산인 은행 예금을 선택하면 연 1.49%의 이자 수익을 올릴 수 있다. 은행 예금 대신 그 다음 순으로 안전한 국고채(3년)에 투자하면 은행 예금 이자율 1.49%에 리스크 프리미엄 0.27%를 더한 1.76%의 수익을 올릴 수 있다. 국고채(3년)보다는 덜 안전한 회사채(3년, AA⁻)에 투자하면 은행 예금 이자율 1.49%에 리스크 프리미엄 0.82%를 더한 2.31%의 수익을 올릴 수 있다. 서울 소재 빌딩에 투자하면 은행 예금 이자율 1.49%에 리스크 프리미엄 2.51%를 더한 약 4.0%의 수익을 올릴 수 있다. 마찬가지로 서울 빌딩의 가격을 책정하는 수익률 4.0%와 1.76%, 2.31%와의 차이는 빌딩보다 안전한 자산인 국고채(3년), 회사채(3년, AA⁻)를 포기하고 상대적으로 가격 하락, 공실 등의 리스크가 있는 빌딩을 선택한 것에 대한 보상인 것이다. 즉, 투자 시장에서는 '하이 리스크 하이 리턴, 로우 리스크 로우 리턴' 원칙이 철저하게 적용되어 차등의 투자 수익률로 보상이 되는 것이다.

표 9 예금은행 수신 금리 기준 상품별 리스크 프리미엄(2017년 8월 28일)

구분	금리(수익률) (%)	리스크 프리미엄 (%)
예금은행 수신 금리	1.49	–
국고채(3년)	1.76	0.27
회사채(3년, AA⁻)	2.31	0.82
서울빌딩	4.0	2.51

그렇다면 투자 수익률이 변동하려면 어떻게 하여야 하나? 투자 수익률은 독립되어 독자적으로 상승하거나 하락하지 못하고 반드시 금리의 변화에 종속되어 변동할 수 있다. 즉, 금리의 그림자에 해당하는 것이다. 먼저 중앙은행에서 기준 금리를 인상하거나 인하하면 그에 따라 연쇄적으로 시중 금리가 변동이 된다. 시중 금리가 상승하면 부동산의 가격 표준이 되는 투자 수익률의 기대치는 금리가 상승한 만큼 상승하게 될 것이며, 반대로 금리가 하락하면 가격 표준이 되는 투자 수익률의 기대치는 그만큼 하락하게 될 것이다. 정리하면, 금리가 상승하면 가격 표준인 투자 수익률도 비례하여 상승하기 때문에 높아진 투자 수익률을 맞추기 위해서는 (임대료 수익이 고정이라면) 투자금이 감소해야 하기 때문에 부동산의 가격은 하락하여야 하며, 금

리가 하락하면 가격 표준인 투자 수익률도 비례하여 하락하기 때문에 (임대료 수익이 고정이라면) 투자금이 증가해야 하기 때문에 부동산의 가격은 상승하여야 한다. 다만 금리가 상승하더라도 그 속도가 빠르지 않고, 폭이 크지 않다면 부동산 가격은 '하방 경직성' 때문에 쉽사리 기대만큼 빠지지 않을 것이다. 그러나 금리 상승의 속도가 빠르고 폭이 크다면 가격하락의 폭과 속도도 빨라지게 되고 그에 따라 사람들의 하락 기대치를 넘어서서 시장 붕괴의 위험에 직면할 수도 있다. 뒤에서 자세히 나오겠지만 일본의 1990년 부동산 가격 폭락이나 미국의 2008년 금융 위기 사태가 그런 프레임에 걸려서 발생한 대표적인 사례에 해당한다고 할 수 있다.

투자 수익률로 비교한 서울의 아파트 가격 수준은?

서울 빌딩의 가격이 4.0%의 투자 수익률을 기준으로 결정된다면 빌딩을 제외한 나머지 부동산은 몇 %의 투자 수익률을 기준으로 가격 결정이 될까? 리스크 프리미엄을 기준으로 리스크가 가장 낮은 아파트가 가장 낮은 투자 수익률을 기준으로 가격이 결정되고, 같은 주택이라도 연립이나 다세대는 아파트보다는 상대적으로 높은 투자 수익률을 기준으로 가격이 결정되고, 오피스텔은 주택보다는 역시 상대적으로 높은 투자 수익률을 기준으로 가격이 결정될 것이다. 기타의 수익형 부동산 등도 해당 부동산이 부담하는 또는 장차 부담하게 될 리스크의 정도에 따라서 투자 수익률이 결정되고 그에 따라 해당 부동산의 가격이 결정될 것이다.

예를 들면 강남구 도곡동 ***번지 도곡 ** 아파트 86A/59 타입의 매매 가격은 평균 11억 원이다. 월세 가격은 5,000만 원/200만 원, 5,000만 원/240만 원, 2억 원/220만 원 등의 매물이 나와 있다.[1] 당신이 해당 아파트에 투자해서 얻을 수 있는 투자 수익률은 다음과 같다.

표 10 강남구 도곡동 ***번지 도곡 ** 아파트 86A/59 타입 투자 수익률

매물	매매가	중개수수료 · 취득세 등	보증금	순투자 비용	임대수익 (연)	투자 수익률 (%)
1	11억 원	0.6억 원	0.5억 원	11.1억 원	2,400만 원	2.16
2	11억 원	0.6억 원	0.5억 원	11.1억 원	2,880만 원	2.59
3	11억 원	0.6억 원	2.0억 원	9.6억 원	2,640만 원	2.75
평균	11억 원	0.6억 원	1.0억 원	10.6억 원	2,640만 원	2.49

안전 자산을 선호한 대가에 소위 '강남 프리미엄'의 대가로 서울 빌딩의 투자 수익률 4.0%보다는 평균 1.51%가 낮은 2.49%의 수익률을 올릴 수 있다. 그러나 국고채(3년)나 회사채

---

1) NAVER 부동산(2017년 6월 23일 조회).

(3년, AA⁻)보다는 높은 수익률을 올릴 수 있다. 또한 서울 비강남 지역의 아파트 수익률은 강남 아파트보다는 0.5%~1.0% 내외가 더 높은 투자 수익률을 올릴 수 있을 것이다.

이번에는 지역적 범위를 국내를 벗어나서 세계로 확대해보면 서울과 비교 대상이 되는 세계 주요 도시의 주택 임대 수익률(Rental Yields)은 다음과 같다.

<표 11> 세계 주요 도시의 임대 수익률(Rental Yields) (%)

도시	타이베이	뭄바이	싱가포르	도쿄	홍콩	뉴욕	베를린
수익률	1.57	2.39	2.54	2.66	2.75	2.91	2.99
도시	런던	로마	파리	토론토	시드니	방콕	마닐라
수익률	3.21	3.36	3.89	3.98	4.39	5.13	6.13

【자료: Global Property Guide(2017.7.1 방문)】

결론적으로 자국 내에서 서로 다른 상품 또는 지역 간의 부동산의 가격은 투자 수익률을 기준으로 결정이 되며, 국제간 부동산의 가격 비교도 투자 수익률을 기준으로 비교할 수 있다. 한국의 부동산 가격은 2017년 현재 우리나라의 금리 수준(한국은행 기준금리 1.25%)을 기준으로 평가하면 안전한 은행 예금이나 국고채(3년)나 회사채(3년, AA⁻)와 비교하여 일정 규모의 리스크 프리미엄이 추가된 수익률로 가격이 형성되어 있어 과다하게 거품이 끼었다고 할 수는 없으며, 서울 기준 세계 주요 도

시와 비교하여도 과다하게 거품이 끼었다고 볼 수 없을 것이다.
다만 금리가 단기에 빠른 속도로 급등한다면 사정은 100% 달
라진다. 가격 결정의 기준이 되는 투자 수익률이 높아지고, 그
에 따라 현재 금리 수준으로 적정하다고 평가되고 있는 부동산
가격은 미국의 서브프라임 모기지론 사태처럼 하루아침에 모두
지나치게 높은 가격이 형성될 수도 있는 것이다.

전월세 전환율

부동산 가격을 결정하는 투자 수익률과 지역별·상품별 비슷한
추이를 보이는 것이 전세금을 월세로 전환할 때 적용하는 비율
인 전월세 전환율이다. 예를 들어 전월세 전환율이 5%라고 했
을 때, 보증금 중 1억 원을 월세로 전환하면 연간 500만 원을 월
세(월 약 41만 7,000원)로 내야 한다. 즉, 부동산의 투자 수익률과
같은 범주에 있는 개념이다. 일반적으로 전월세 전환율이 낮을
수록 월세 부담이 적어진다고 하지만 전월세 전환율이 낮은 지
역은 기본적으로 부동산의 가격이 높은 지역이기 때문에 총액
을 기준으로 비교하면 결코 낮아진다고 할 수는 없다. 전월세
전환율은 한국감정원에서 매달 전국을 기준으로 실거래가 공개
시스템을 바탕으로 공시하고 있다. 한국감정원이 2017년 6월
기준으로 발표한 자료에 따르면 전국 주택 종합 전월세 전환율
은 6.5%이며 수도권은 5.9%, 지방 7.7%로 나타났다. 유형별로

는 아파트 4.7%, 연립 다세대 주택 6.5%, 단독 주택 8.2% 순으로 나타났다. 표준화율이 높은 아파트만을 기준으로 하면 서울이 4.1%로 가장 낮고, 전남이 7.4%로 가장 높으며, 강원 6.8%, 제주 4.8%, 경남 5.2% 등을 기록하고 있다.

그림 5 2017년 6월 시·도별 아파트 전월세 전환율

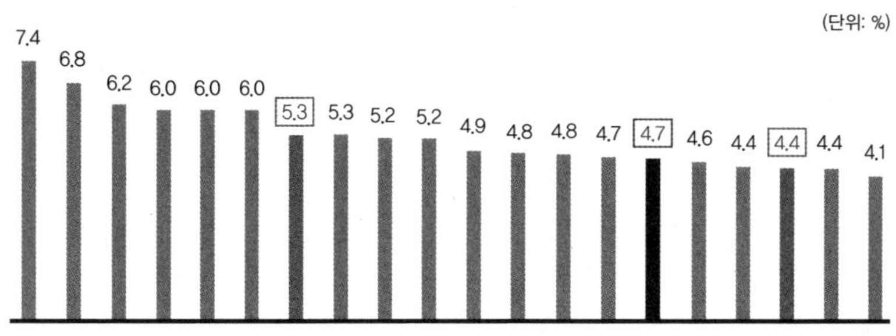

전월세 전환율과 금리와의 관계는 전월세 전환율도 투자 수익률과 같은 범주의 개념이기 때문에 기본적으로는 금리의 수준에 의하여 결정이 된다. 즉, 금리가 하락하면 전원세 전환율도 낮아지고 금리가 상승하면 전월세 전환율도 높아지는 것이다.

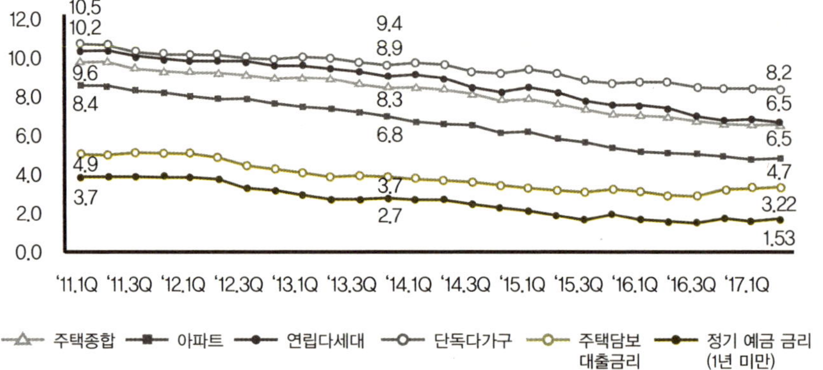

【자료: 한국감정원(정기 예금 금리 및 주택 담보 대출 금리: 한국은행, 경제통계시스템)】

4

금리와 부동산 시장

저금리로 부동산 시장으로 내몰린 사람들

전후 약 70년간 세계는 인구의 증가와 과학 기술의 비약적인 발전으로 인류 역사상 유례없는 경제적 번성기를 구가하였다. 필자가 어렸을 적 60~70년대에는 할아버지·할머니들이 장에 가서 농산물을 팔아서 돈을 사오던 시절이 있었다. 지금은 돈으로 물건을 사지만 돈이 귀하던 시절에는 물건을 팔아서 편리한 지불 수단인 돈을 사와야 했다. 수요와 공급의 법칙에 의하여 돈은 귀한데 수요자는 많으니 돈의 사용대가인 이자가 비쌌다. 한국의 시장 금리는 90년대 초반 20%대에 육박하다가 하락세를 타기 시작하여 IMF 시절 일시 급등한 것을 제외하고는 2000년대 들어서면서 선진국들과 비슷한 5~6%대 금리 수준이 되었다. 전후 세계 최대의 선진국이자 경제 대국인 미국도 80년대 말에는 기준 금리가 사상 최고치인 20%를 기록하는 등 80년대 초반에는 15%대를 유지하다가, 1990년대가 되면서 약 5%대의 금리가 정착이 되었다. 그러다가 전 세계적으로 2000년이 되면서 제로 금리에 육박하는 초저금리 시대가 도래하였다.

█시장 금리█

금리는 크게 기준 금리와 시장 금리로 구분한다. 시장 금리란 자금 시장에서 자금을 조달할 때 지불하는 금리를 말한다. 먼저 금융통화위원회에서 기준 금리가 변동이 되면 이를 반영하여 전반적인 시장 금리가 조정이 된다. 시장 금리는 1년을 기준으로 단기 금리와 장기 금리로 구분한다. 1년 미만의 단기 자금을 거래하는 콜금리(Call), 환매조건부채권(RP: Repurchasing agreement)의 수익률, 양도성예금증서(CD: Certificate of Deposit)의 수익률 등이 대표적인 단기 금리이며. 1년 이상의 국채, 회사채, 금융채 등의 수익률이 장기 금리에 해당한다.

2000년대 진입해서 선진국에서는 경제적 번성기의 수요의 한 축을 담당하던 인구의 증가세가 멈추고 인구 구조도 고령화 사회로 진입하게 되었다. 경제의 비약적인 성장으로 인한 처분 가능 소득의 증가와 몇 차례의 세계적인 경제 위기에 대한 대응으로 돈이 넘치도록 시장에 풀리면서, 부의 편재는 있을지라도 돈은 물건을 팔아서 사올 만큼 구경하기 힘든 존재가 더 이상 아니었다. 앞에서 언급했듯이 우리나라의 단기 부동 자금은 1,000조 원를 넘어섰으며, 미국에서는 2008년 금융 위기 때 양적 완화라는 명목으로 풀린 돈이 4조 5000억 달러(약 5,000조 원)나 되며, 세계적으로도 과잉 유동성 규모가 약 15조 달러로 추산되고 있다. 누구나 값싼 비용(금리)으로 돈을 빌릴 수 있을 만

큼 시중에 돈이 넘쳐나는 시대가 되었다. 과다한 유동성에 동반하여 세계 최대의 경제 대국 미국에서는 경제 위기로 2000년 이후 1%와 제로 금리의 초저금리 시대를 두 번씩이나 겪어야 했고, 커플링(coupling) 현상으로 세계 유수의 선진국들도 비슷한 수준의 금리 수준을 보여주었다.

과다한 유동성에 기반한 저금리의 대가로 유리한 것도 많지만 반대로 지불해야 할 희생도 컸다. 돈이 넘치니 상대적으로 실물 자산의 가치가 높아져 부의 편재 현상은 더욱 심화되었다. 과다한 부동 자금은 투기 자금화되어 세계 각국의 경제 운용에 크나큰 골칫거리가 되었다. 장기간의 저금리 때문에 은퇴 후 퇴직금에서 얻는 금융 소득으로 노후를 보장하던 시대는 한 세대도 못 버티고 짧게 지나갔고, 사람들은 돈을 금융 기관에서 빼내서 위험을 더 감수하고라도 수익률이 높은 자산 관리 수단으로 갈아타야 했고, 주식 시장과 부동산 시장이 주요 타깃이 되었다. 부동산에 매수자가 몰리니 초과 수요에 의하여 부동산의 가격은 상승하게 마련이다. 투기니 미쳤느니 하지만 머리를 조금만 냉정히 식히고 판단하면, 수요와 공급의 법칙에 의하여 돈은 공급이 넘치니 가격(금리)이 자꾸 싸지고, 부동산은 사자는 수요가 넘치니 가격이 자꾸 올라가는 것은 경제 논리로는, 형평과 경제 교란의 문제는 논외로 한다면 너무나 당연한 현상이다.

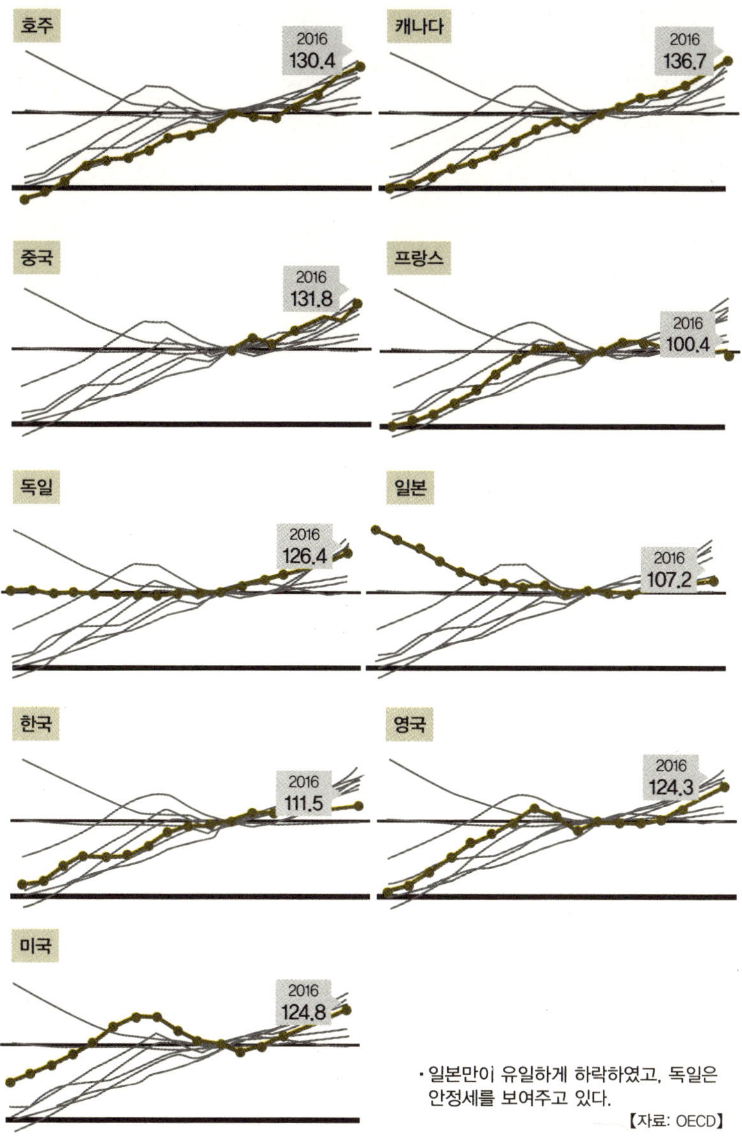

・일본만이 유일하게 하락하였고, 독일은 안정세를 보여주고 있다.

【자료: OECD】

금리의 변동과 부동산의 가격은 반비례한다

"금리가 하락하면 부동산의 가격은 상승하고, 금리가 상승하면 부동산의 가격은 하락한다." 이 명제는 어느 경제학 책에나 나오는 이야기로서, 대부분의 부동산 전문가들도 금리의 변동과 관련하여 부동산 시장을 전망할 때 특별한 고민 없이 그대로 인용하여 그렇게 이야기한다. 과연 그럴까? 원론적으로는 투자 수익률 장에서 설명한 것처럼 금리의 변동이 기대 투자 수익률을 변동시켜 금리 변동의 반대 방향으로 부동산 가격의 변동을 초래 한다. 아래의 사례는 2000년 이후부터 2017년 7월 현재까지 한국과 미국의 기준 금리의 변동을 표시한 것이다.

그림 9 한국과 미국의 기준 금리 변동: 2000~2017

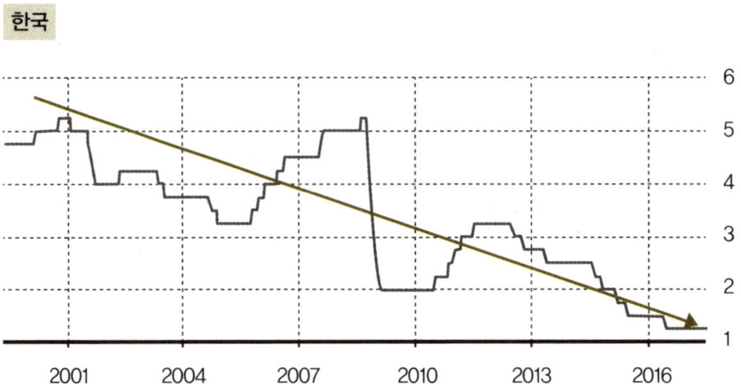

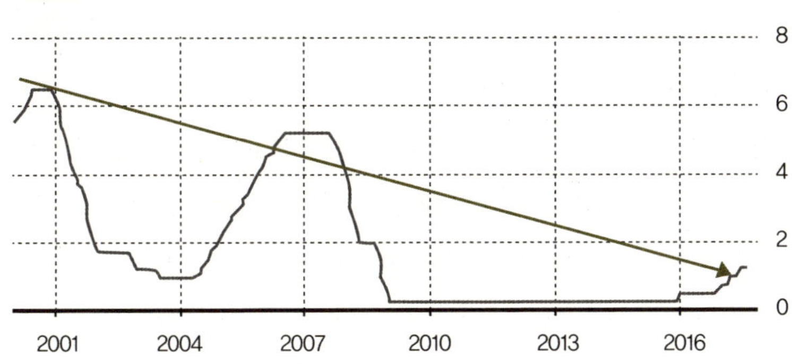

　그림에서 알 수 있듯이 한국과 미국의 기준 금리는 2000부터 2017년 현재까지를 하나의 축으로 보면 한국은 5.25%에서 1.25%로, 미국은 6.5%에서 1.0~1.25%로 우하향하여 하락했다. 그에 따라 KB 부동산의 주택매매가격 종합지수는 2000년 1월 51.7포인트에서 2017년 7월 현재 101.4포인트로 약 두 배가 상승해 있으며, 미국의 주택 가격 지수인 케이스-실러 지수(20개 대도시 기준)도 2000년 1월 100.59포인트에서 2017년 5월 현재 198.38포인트로 약 두 배 상승해 있다. 금리의 변동과 부동산 가격은 정확히 반비례 관계에 있음을 실증적으로 보여주고 있다. 그러나 중간에 2008년 금융 위기가 발생함으로써 변동선이 일직선화되지 않고 금리 변동 차트나 주택 지수의 변동 차트(뒤에서 제시된다)에 굴곡이 생길 수밖에 없었다. 참고로 한국의 주택

가격 지수는 금융 위기 당시의 지수를 훨씬 상회하고 있고, 미국의 주택 가격 지수도 금융 위기 발생 전의 지수를 거의 회복한 결과를 놓고 보면 2000년 이후의 부동산 시장이 반드시 거품이 끼었다고 할 수만은 없을 것으로 보인다. 다만 좀 더 확대해서 보면 기준 금리가 2000년 시점인 한국은 5.25%, 미국은 6.25% 수준까지 회복했음에도 불구하고 현재의 주택 가격 지수 수준을 유지하고 있다면 부동산 시장에 거품은 없다고 확실하게 얘기할 수 있을 것이다.

금리가 오르면 부동산은 내린다?

금리의 변동과 부동산의 가격은 반비례하여 움직이는 것이 맞지만, 실무적으로는 그러지 않을 수 있다. 오히려 그 반대로 금리와 주택 가격이 같은 방향으로 갈 수도 있는 것이다. 그에 따라 금리가 상승하는 시기에도 부동산의 가격은 하락하지 않고 오히려 지속적으로 상승할 수도 있다. 2000년대 두 번의 금리 상승기를 경험한 한국과 미국의 사례가 실증적으로 입증하고 있다. 우선 한국의 사례부터 검토해보면 다음과 같다.

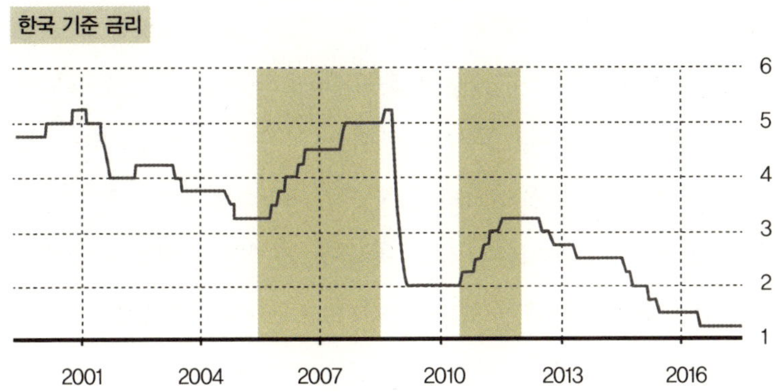

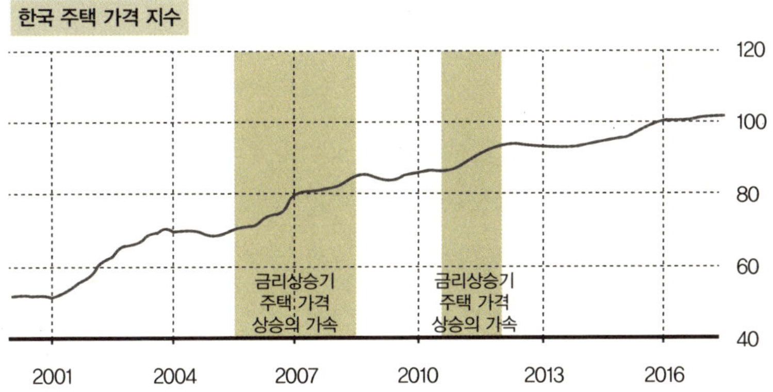

【자료: http://blog.naver.com/hsy6685】

　　그림에서 알 수 있듯이 한국은 2008년 금융 위기 발생 전 세계적인 금리 상승기(대략 2004년~2007년)에 기준 금리를 2004년 11월 3.25%에서 2007년 8월 5.0%까지 단기간에 1.75%나 올렸다. 물론 2000년대 금리의 고점은 약 1년 뒤인 2008년 8월 0.25%를 한 번 더 올리면서 5.25%를 기록하게 된다. 교과서 이론대로 하면 그 시기의 한국의 부동산 가격은 반비례하기 때문에 하락 내지 폭락해야 했다. 그러나 오히려 KB 부동산의 주택 매매가격 종합지수는 무려 약 18.1%(68.8→81.3)나 상승하였다. 유사한 패턴은 2010년부터 2011년 사이에 다시 재현하게 된다. 금융 위기가 일시적으로 수그러질 기미를 보이자 금융 위기 때문에 단기에 5.25%에서 2.0%까지 내렸던 기준 금리를 2010년 7월부터 올리기 시작하여 2011년 6월에 3.25%까지 1.25%나 올렸다. 그러나 동 기간 역시 부동산의 가격은 하락하지 않고 오히려 약 5.4%(86.6→91.3)가 상승하였다. 금리가 상승하는 데 주택 가격이 하락하지 않고 오히려 동반 상승한 경우는 한국에 국한되지 않고 금융 위기의 발생국인 미국에서도 거의 같은 패턴을 보여주었다.

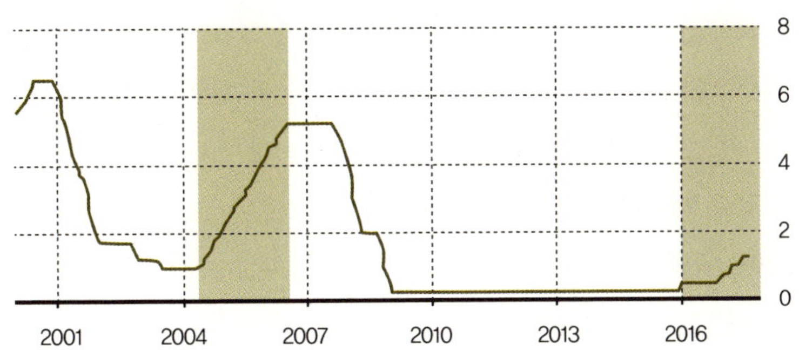

그림 11 미국 기준 금리 변동: 2000~2017

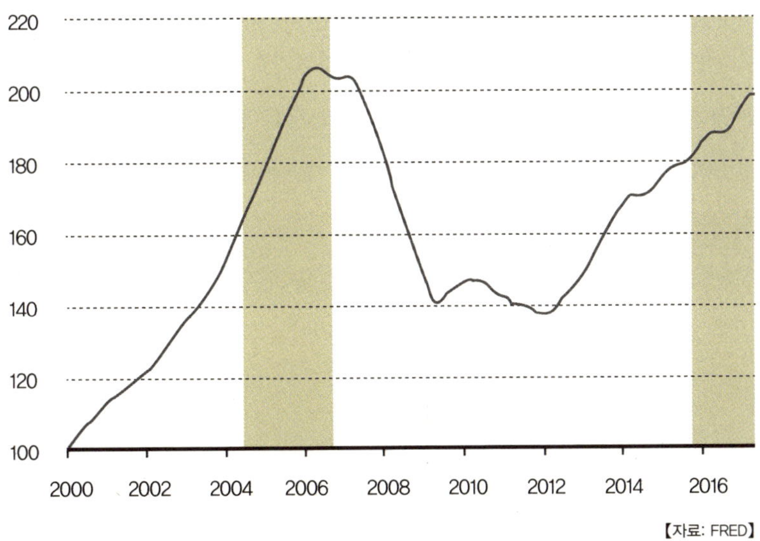

그림 12 미국 주택 지수 변동: 2000~2017

미국은 2008년 금융 위기 발생 전 2004년 6월 기준 금리를 1.0%에서 2006년 6월 5.25%까지 만 2년 동안의 단기에 17회에 걸쳐 4.25%나 올렸다. 만 2년간의 금리 인상기 동안 미국의 주택 지수인 케이스-실러 지수(20개 대도시 기준)도 하락하지 않고 오히려 약 25.2%(164.30→205.80)나 상승하였다. 그러나 케이스-실러 지수(20개 대도시 기준)는 금리 인상 마감 2개월 전인 2006년 4월 206.65포인트로 고점을 찍고 하락하기 시작하여 3년 만인 2009년 5월 140.80포인트까지 31.8%가 폭락하게 된다. 이후 케이스-실러 지수(20개 대도시 기준)는 횡보세를 보이다가 2012년 2월 137.04포인트로 겨우 바닥을 찍고 반등세로 돌아설 수 있었다. 유사한 패턴은 최근에 반복되고 있다. 미국은 금융 위기 때문에 2007년 8월부터 2008년 12월까지 단기에 5.25%에서 0~0.25%까지 내렸던 기준 금리를 2015년 12월 0.25~0.50%에서 2017년 6월 1.0~1.25%까지 약 1년 반 동안 네 번에 걸쳐 1.0%를 올렸다. 그러나 동 기간 역시 부동산의 가격은 하락하지 않고 오히려 약 7.8%(183.91→198.38)가 상승하여 2017년 5월 현재 금융 위기 전의 고점과 유사한 198.38포인트를 기록하고 있다.

"금리가 하락하면 부동산의 가격이 상승하고, 금리가 상승하면 부동산의 가격이 하락한다"라는 말이 교과서적인 내용인데, 그렇다면 2000년 이후 두 번의 금리 상승기에 한국이나 미국 모두 주택 가격이 상승했던 현상은 무엇으로 설명할 것인가? 또는 어떻게 이해할 것인가의 문제가 발생한다. 다음과 같은 상황이나 사유에 의하여 금리 인상기에도 주택 가격은 상승할 수가 있다.

첫째, 교과서적인 원칙은 금리가 상승하면 부동산 가격이 하락하는 것이 맞는데, 다만 해당 명제는 경제 성장률 등 다른 변수는 고정되어 있다는 정적인 상황에서의 금리와 부동산 가격과의 관계를 말한 것이다. 따라서 다른 변수가 고정되어 있지 않은 실질 상황에서는 금리의 변동에 대한 부동산 가격이 변동이 교과서적이지 않을 수 있다. 예를 들면 경제 성장률이 고정되어 있지 않고 성장한다면 그리고 그 성장폭이 부동산 가격 변동 기준으로 금리 상승폭보다 크다면 부동산 가격은 금리 상승에도 불구하고 상승할 수 있다. 쉽게 말하면 소득이 높아짐에 따라 임대 가격은 상승할 수 있고 임대 가격 상승으로 인한 부동산 가격의 상승폭이 금리 상승으로 인한 부동산 가격의 하락폭보다 크다면 금리 상승에도 불구하고 부동산 가격은 상승할 수 있는 것이다.

둘째, 금리의 변동이 부동산 가격의 변동으로 나타나는 데에는 시차가 존재한다. 그 시차의 차이에 의하여 금리가 상승기에 접어들었는데도 부동산은 바로 하락하지 않고 일정 기간 상승세를 지속할 수 있으며, 반대로 금리가 하락기로 접어들었는데도 부동산 가격의 상승은 일정기간이 지난 후에야 비로소 상승세로 돌아 설 수가 있다.

셋째, 적정 가격 대비 부동산 가격이 낮았다면 금리 상승에도 불구하고 부동산 가격은 상승할 수 있는 것이다. 금리가 비록 상승하고는 있지만 예금이나 채권, 주식 등 다른 자산 관리 수단 대비 부동산 투자 수익률이 그래도 좋다면 부동산 가격은 일정 부분 상승할 수 있는 것이다. 당연히 그 반대의 경우도 마찬가지이다.

넷째, 일종의 관성의 법칙이 작용한 결과로 볼 수 있다. 금리가 상승하고 있더라도 분석 능력이나 예측력의 한계 등에 의하여 어제 부동산 가격이 올랐으니 오늘도, 내일도 계속해서 오를 것이라는 기대감으로 소유자는 처분하지 못하고, 매수 희망자는 매수세를 계속 유지할 수가 있다. 그에 따라 시장은 가격이 조정이나 하락하여야 함에도 불구하고 일정 시점까지는 상승세를 좀 더 지속할 수 있는 것이다. 시장이라는 것이 차트를 놓고 사후적으로 볼 때는 매도했어야 할 시점 또는 매수했어야 할 시점을 판단할 수 있지만, 항상 현재 시점에서는 여기가 바닥인지 무릎인지 또는 어깨인지 상투인지를 판단하기 어려운 것이 투자 시장이다.

다섯째, 비이성적 과열이다. 시장이 과열되어서 참여자들이 몰입되기 시작하면, 과도한 레버리지를 수반하여 오버슈팅(overshooting)이 이루어지고, 파국으로 마무리할 때까지는 결코 끝내지 못하는 것이 멀리는 17세기 네덜란드의 튤립 투기부터

가깝게는 2000년 IT버블까지 동서고금의 한결같은 모습이다.

결론적으로 실질 현장의 동태적 상황에서는 금리가 상승하면 반드시 부동산 가격이 하락하는 것은 아니지만, 근본적으로는 금리의 변동과 주택 가격은 반비례하는 존재이다. 그 반대도 마찬가지이다. 특히 상승폭과 속도에 있어서 단기간에 금리가 큰 폭으로 상승하는 경우에는 오직 금리만이 집값에 영향을 미치는 최대 변수가 된다. 그렇다면 금리의 단기간 급격한 인상은 곧 부동산 가격의 폭락으로 이어진다. 혹시 부동산 가격이 금리의 단기간 급격한 인상에도 불구하고 역주행을 하였다면 결국 되돌려질 것이고, 미국의 2004년 6월 금리 인상기부터 2008년 금융 위기까지의 금리의 변동과 부동산 가격의 변동 사례가 그것을 입증해주고 있다. 뒤에서 자세히 나오겠지만 하락론자들이 많이 얘기하는 1990년대 일본의 경우도 금리의 인상과 부동산 시장의 붕괴 상황은 미국의 2008년 상황과 동일하다.

한국은행 기준 금리는 한국은행이 금융 기관과 환매조건부증권(RP) 매매, 자금 조정 예금 및 대출 등의 거래를 할 때 기준이 되는 정책 금리로서 간단히 '기준 금리'(base rate)라고도 한다. 2008년 2월까지는 콜금리 목표가 기준 금리로 사용되었다. 한국은행은 기준 금리를 7일물 RP매각 시 고정입찰 금리로, 7일물 RP매입 시 최저 입찰 금리(minimum bid rate)로 사용한다. 그리고 자금 조정 예금 및 대출 금리를 기준 금리에서 각각 -100bp 및 +100bp 가감하여 운용한다. 한국은행 금융통화위원회는 물가 동향, 국내외 경제 상황, 금융 시장 여건 등을 종합적으로 고려하여 연 8회 기준 금리를 결정하고 있다. 이렇게 결정된 기준 금리는 초단기 금리인 콜금리에 즉시 영향을 미치고, 장단기 시장 금리, 예금 및 대출 금리 등의 변동으로 이어져 궁극적으로는 실물경제 활동에 영향을 미치게 된다.[1]

RP(repurchase agreement, 환매조건부채권)

환매조건부 채권. '환매채'라고도 한다. 일정 기간이 지난 후에 다시 매입하는 조건으로 채권을 매도함으로써 수요자가 단기 자금을 조달하는 금융 거래 방식의 하나. 콜 자금과 같이

---

1) 한국은행

단기적인 자금수요를 충족시키기 위해 생긴 것이다. 한국은행이 통화 조절용 수단으로 시중 은행에 판매하는 RP가 있는데, RP금리는 자금 사정에 따라 한국은행이 이를 조절하고 있다. 또 은행·증권회사 등 금융기관이 수신 상품의 하나로 일정 기간 후 재매입 조건으로 고객에게 판매하는 것도 있다.[2]

bp(basis point)

국제 금융 시장에서 금리나 수익률을 나타내는 데 사용하는 기본 단위로 100분의 1%를 의미한다. 즉 100bp는 1.0%가 된다. 국제 금융 시장에서 금리를 bp 단위로 계산하는 것은 돈의 수급이 안정된 상태에서 빌리는 측이나 빌려주는 측 서로간에 한 푼이라도 이자를 덜 내거나 더 받으려는 경쟁이 치열하기 때문이다. 국제 금융 시장에서 금융 기관들이 금리를 1bp 라도 더 받거나 덜 내려는 경쟁을 벌이고 있는데 이를 bp 싸움이라고 한다.[3]

---

2) daum 백과, 매경시사용어사전
3) daum 백과, 매경시사용어사전

5

가계 부채,
서브프라임 모기지의
쌍둥이인가?

가계 부채의 규모 및 증가세

문재인 정부 부동산 시장의 가장 큰 리스크는 가계 부채의 규모 및 증가 속도와 가계 부채가 직면한 금리 인상 상황이다. 가계 부채 문제는 부채의 총액과 증가 속도도 중요하지만, 금리 인상이라는 외부 충격이 가해졌을 때 만기 및 원리금 상환 구조, 차입자의 신용, 담보 등 가계 부채의 구조가 무게 중심이 낮게 잘 배치되어 있는지 여부도 그에 못지않게 중요하다. 한국은행의 통계에 따르면 우리나라의 가계 부채는 2002년 말 464.7조원에서 2017년 2/4분기 말 기준 1,388.3조 원으로 3배 가까이 증가하였다. 동 기간 주택 가격이 두 배로 상승한 것과 궤를 같이 하고 있다.

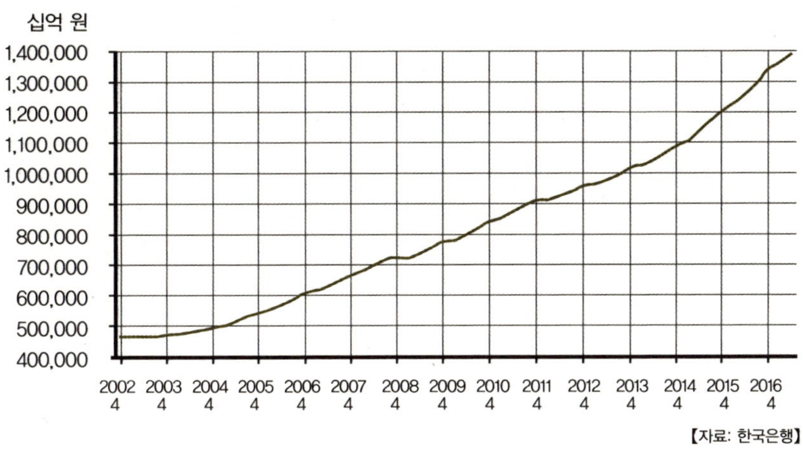

표 12 가계 부채 증가 추이 : 2002～2017

(단위: 조 원)

연도 / 분기	1	2	3	4	증가액
2002				464.7	
2003	463.3	464.6	463.5	472.1	7.4
2004	472.3	477.3	482.5	494.2	22.1
2005	497.0	516.0	527.1	542.9	48.7
2006	550.3	569.4	582.5	607.1	64.2
2007	612.4	629.6	642.0	665.4	58.3
2008	677.2	698.2	713.3	723.5	58.1
2009	720.4	736.3	754.2	776.0	52.5
2010	783.3	800.1	816.0	843.2	67.2
2011	855.5	877.2	891.3	916.2	73.0
2012	916.5	928.6	940.7	963.8	47.6
2013	962.9	979.6	993.6	1,019.0	55.2

2014	총계	1,022.4	1,035.9	1,056.4	1,085.3	66.3
	증가액	3.4	13.5	20.5	28.9	
2015	총계	1,098.3	1,131.5	1,164.9	1,203.1	117.8
	증가액	13.0	33.2	33.4	38.2	
2016	총계	1,223.6	1,257.5	1,296.4	1,342.5	139.4
	증가액	20.6	33.9	38.9	46.1	
2017	총계	1,359.1	1,388.3			45.8
	증가액	16.6	29.2			

【자료: 한국은행】

연평균 가계 부채 증가율은 2008~2013년 중 7.4%에서 2014
~2016년 중에는 9.6%로 상승하였다.[1] 우리나라는 글로벌 금융
위기 이후 비교 대상 주요 선진국과 달리 디레버리지(deleverage,
부채 상환) 과정을 겪지 않고 오히려 지속적으로 증가하였다. 특
히, 〈표 12〉에 나와 있는 것처럼 2014년 하반기 이후 성장세 회
복을 위한 저금리 기조와 주택 시장의 호황이 최근 4년간의 가
계 부채의 급등세를 부채질하고 있다. 이는 마치 역사적 저금리
시대가 도래한 2001년 하반기 이후부터 서브프라임 위기 전까
지의 미국의 서브프라임 모기지의 증가세를 연상케 한다. 〈그림
14〉는 처분 가능 소득 대비 가계 부채 비율이 2008년 금융 위기
발생 전에는 한국과 미국이 140% 초반대로 비슷했으나 금융 위
기 이후에는 상반된 길을 걷고 있음을 보여주고 있다.

---

1) 한국은행, 금융안정보고서, 2017, 83쪽

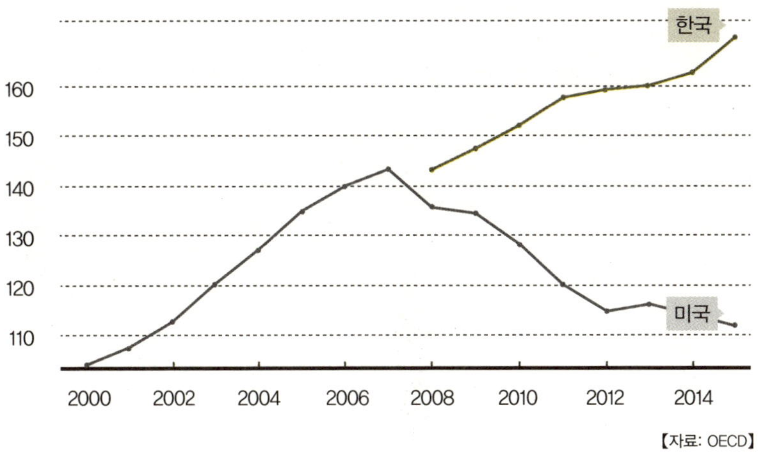

　한국은행이 2017년 7월 발표한 금융안정보고서에 따르면 2017년 1/4분기 말 기준 명목 국내 총생산(GDP) 대비 가계 부채 비율은 91%, 처분 가능 소득 대비 가계 부채 비율은 153%(OECD 기준으로는 2015년 말 170.0%)를 기록하고 있다.　2015년 기준 OECD 주요 국가 처분 가능 소득 대비 가계 부채 비율 현황은 다음과 같다. 가장 높은 나라는 덴마크이고, 그 다음은 네덜란드, 노르웨이, 호주, 스위스, 스웨덴 등 순이며, 그 다음 순으로 캐나다 다음에 한국이 있다. OECD 국가들의 가계 부채 특징을 정리한 OECD 보고서는 이와 같은 맥락에서 북유럽 국

가들과 한국을 같은 그룹으로 분류하고 있다.[2]

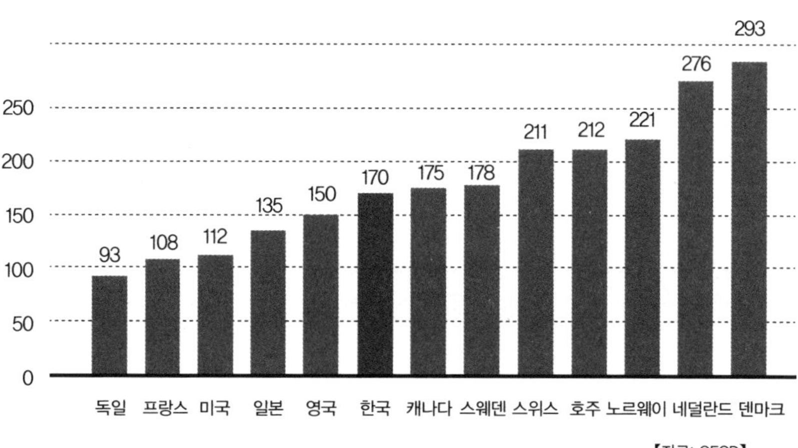

그림 15 처분 가능 소득 대비 가계 부채 비율(%) (2015년 기준)

가계 부채의 급증 요인

앞의 금융안정보고서는 가계 부채 누증의 주된 요인을 경기 회복을 위한 금리 인하 및 부동산 거래 활성화를 위한 규제 완화 등의 경제 정책 기조와 우리 경제의 구조적 요인에 기인하고 있다면서 다음과 같이 분석하고 있다.

---

2) 고제헌 『북유럽 국가들은 왜 가계 부채가 많을까?』, 주택금융연구원 주택금융월보 제151호 (2017년 2월호)

먼저 경제의 성장세 회복을 위한 저금리 지속과 부동산 규제 완화라는 경제 정책 과정에서 주택 매입 수요와 주택 공급 물량 확대 등으로 가계 부채가 크게 늘어난 것으로 보고 있다. 특히 저금리하에서 임대인의 전세 가격 인상과 월세 전환 등으로 임차 가구의 주택 매입 수요가 확대되었으며 이는 주택 담보 대출 증가로 이어졌다. 저금리 지속과 함께 LTV(loan to value ratio, 주택 담보 대출 비율)·DTI(Debt To Income ratio, 총 부채 상환 비율)등 부동산 규제 완화도 주택 담보 대출을 중심으로 가계 부채 증가에 영향을 미쳤다. 여기에 분양권 전매 제한 완화(2014년 6월), 분양가 상한제 폐지(2015년 4월) 등으로 분양 시장이 활성화되면서 신규 주택 공급이 늘어난 것도 시차를 두고 집단 대출 등 주택 담보 대출을 증가시킨 요인이 되었다. 또한 저금리로 금융 자산의 수익률이 하락하면서 상대적으로 수익률이 높아진 수익형 부동산에 대한 수요가 증가하는 과정에서 비주택 담보 대출이 크게 증가하였다. 예탁금 비과세 혜택 등으로 수신이 호조를 보였던 상호 금융 조합은 증가한 수신을 가계 대출로 적극 운용한 것으로 파악이 된다. 한편 2011년 이후 정부·감독 당국이 가계 부채의 질적 구조 개선을 위해 분할 상환 및 고정 금리 대출 비중을 높여가는 과정에서 주택금융공사의 적격 대출이 2014년 말 16.7조 원에서 2017년 3월 말 55.8조 원으로 크게 늘어난 것도 가계 부채를 증가시킨 요인으로 작용하였다.

인구 구조 측면에서는 생애 주기상 부동산 매입 등을 위해 차입을 적극적으로 늘리는 연령층(35~59세)의 증가와 사회 보장 제도가 미흡한 상황에서 고령화의 급속한 진행이 가계 부채의 증가 요인으로 작용했을 개연성이 있는 것으로 보고 있다. 베이비붐 세대(1955~1963년생)는 가계 부채 증가를 견인해왔던 것으로 보인다. 베이비붐 세대 가구의 평균 금융 부채 규모(2016년 3월 말 기준)는 5,800만 원으로 여타 가구 수준(4,400만 원)을 크게 상회하였다. 50세 이상 자영업자 수는 2006년 말 264.2만 명에서 2016년 말 316.2만 명으로 증가하였으며, 해당 부분 가계 대출도 2012년 말 63.0조 원에서 2017년 3월 말 98.2조 원으로 크게 증가한 것으로 시산(試算)되었다. 60세 이상 가구주의 노후 소득 확보를 위한 임대 주택 투자 확대도 가계 부채 증가에 영향을 미쳤으며, 60세 이상 연령층의 월세 임대 가구 수는 2012년 27.7만 가구에서 2016년 42.7만 가구로 증가한 것으로 시산되었다.

주된 직장에서 은퇴한 계층이 경제 활동을 계속 이어가는 것도 보유 주택 처분 등을 통한 부채 디레버리징을 지연시키고 있는 것으로 보고 있다. 우리나라의 경우 주된 직장에서의 퇴직 연령(남성 기준)은 평균 51.6세(2016년 기준, 통계청)이나 노동 시장에서 완전히 이탈하는 실질 은퇴 연령은 72.9세(2014년 기준, OECD)로 OECD 34개국 평균(64.6세)을 크게 상회하고 있다. 한국은행이 2012년 1/4분기에서 2017년 1/4분기 중 연령대별 가계 부채 규모 변동을 분석한 것에 따르면 50대까지는 금융 부채를 늘렸고, 정년 연령대인 60대는 소폭 축소하였으나, 실질 은퇴 연령대인 70대부터 본격적으로 부채를 조정하는 것으로 나타났다. 특히 베이비붐 세대가 은퇴하는 시점부터 부동산 처분 물량이 쏟아질 거라는 인구 구조론에 입각한 부동산 하락론자들의 예상과는 달리 실질적으로는 경제 활동 기간이 10년 정도 연장됨에 따라 70대부터나 부동산이 매물화된다는 것은 시사하는 바가 크다.

주택 시장 수급 구조와 관련하여 수요 측면에서는 가계가 거주 목적 외에 투자 자산으로 주택을 선호하는 성향이 강한 것이 가계 부채 증가의 구조적 요인으로 작용한 것으로 보고 있다. 이는 주택 등 부동산의 수익률이 다른 금융 자산에 비해 안정적이면서도 수익성이 양호한 데 기인한다. 특히 우리나라의 아파트는 주요국과 달리 표준화·규격화되어 있어 매매 및 임대가 용이하고 환금성도 높아 투자 자산으로서 선호도가 높다. 이에 따라 2016년 말 현재 우리나라 가계의 총 자산 중 주거용 건물을 포함한 비금융 자산 보유 비중(국민대차대조표 기준)은 62.8%로 미국(30.1%), 일본(36.5%) 등 주요국 수준을 크게 상회하고 있다. 공급 측면에서는 임대 주택이 가계 중심으로 공급되면서 관련 부채가 가계에 집중되고 그 규모도 점차 확대되고 있다. 우리나라는 전체 임대 주택(2015년 말 918만 호) 중 가계 부문이 78.9%(724만 호)를 공급하고 있는데, 임대 가구(거주 주택 외 주택을 보유한 가구 기준)의 금융 부채는 2012년 179.5조 원에서 2016년 226.3조 원으로 46조 8,000억 원(26.1%)이나 증가하였다. 가계 신용 수급 구조면에서는 기업 여신보다 상대적으로 낮은 리스크 프리미엄이 은행의 가계 대출 취급 유인을 증대시켰으며, 한편 연기금·보험회사 등에 의한 장기 채권 수요의 증가로 가계 대출 금리가 낮아진 것도 대출 수요를 증가시키는 요인으로 작용한 것으로 분석되고 있다.

가계 부채의 상환 능력

앞의 금융안정보고서에 따르면 채무 상환 능력과 관련하여 우선 2012년 이후 고신용(1~3등급) 차주의 비중은 지속적으로 높아진 반면 중·저신용 차주의 비중은 낮아졌다. 2017년 1/4분기 말 가계 대출 차주 중 고신용 등급의 비중은 54.4%로 2012년 말 대비 13.3%포인트 상승하였다. 반면에 위험 가구와 고위험 가구의 가구 수 및 금융 부채 규모도 2016년 3월 현재 2015년 대비 큰 폭으로 증가한 것으로 나타났다.

▌위험 가구와 고위험 가구 ▌

· 위험 가구

원리금 상환 비율(DSR)이 40%를 넘고, 자산 평가액 대비 총부채 비율(DTA)이 100%를 밑도는 가구를 위험 가구로 분류하였다.

· 고위험 가구

위험 가구 중 원리금 상환 부담이 크고(DSR〉40%), 자산 매각을 통한 부채 상환 능력도 취약(DTA〉100%)한 가구를 고위험 가구로 분류하였다.

표 13 위험 가구 및 고위험 가구의 가구 수 및 금융 부채 규모 변동 비교

(단위: 만 가구, 조 원, %)

구분/연도		2015년 3월	2016년 3월	증가	증가율
위험 가구	가구 수	109.7만 가구	126.3만 가구	16.6만	15.1%
	보유금융부채 규모	157.1조 원	186.7조 원	29.6조 원	18.8%
	보유금융부채 비율	19.3	21.1%	1.8%	
고위험 가구	가구 수	29.7만 가구	31.5만 가구	1.8만 가구	6.0%
	보유금융부채 규모	46.4조 원	62.0조 원	15.6조 원	33.6%
	보유금융부채 비율	5.7%	7.0%	1.3%	

소득 대비 대출이자 비율과 관련하여서는 〈표 14〉와 같이 2000~2016년 동안 '2인 이상 도시근로자 가구'의 소득 흑자액 (=소득-가계 지출)과 흑자율은 꾸준히 상승해왔으며, 동 기간 소득 대비 대출이자 비율도 2%대의 안정적인 흐름을 유지하고 있음을 보여주고 있다. 해당 통계 지표는 골드만삭스(Goldman Sachs)에서 2012년에 한국의 가계 부채 문제를 진단하면서 분석의 지표로 삼았던 자료이다.

표 14 2인 이상 도시 근로자 가구의 소득 및 이자 비용(2000~2016년)

(단위: 천 원, %)

가계 수지 항목별/연도	2000	2001	2002	2003	2004	2005	2006	2007	2008	2009	2010	2011	2012	2013	2014	2015	2016
소득	3,587	3,836	3,982	3,976	4,077	4,145	4,294	4,446	4,531	4,356	4,401	4,485	4,641	4,697	4,768	4,816	4,837
가계 지출	2,856	3,018	3,053	3,124	3,205	3,264	3,344	3,437	3,514	3,433	3,524	3,552	3,610	3,618	3,677	3,662	3,653
흑자액	731	818	929	852	872	881	950	1,009	1,017	923	877	933	1,031	1,079	1,091	1,154	1,184
흑자율	24.6	25.8	28.0	25.9	26.0	25.8	26.9	27.7	27.5	26.1	24.7	25.9	27.6	28.5	28.4	29.8	30.4
이자 비용	67	60	52	65	69	67	67	74	87	89	100	104	111	104	102	96	87
소득대비 대출이자비중	1.9	1.6	1.3	1.6	1.7	1.6	1.6	1.7	1.9	2.0	2.3	2.3	2.4	2.2	2.1	2.0	1.8

【자료: 통계청】

시장 금리의 상승이 국내 은행의 복원력에 미치는 영향을 점검하기 위하여 한국은행에서 실시한 스트레스 테스트(대상 기간은 2017년 3월부터 2018년 말까지 22개월이다)에 의하면 금리가 각각 100bp(1.0%), 200bp(2.0%), 300bp(3.0%) 상승하는 경우 국내은행의 BIS(Bank for International Settlements, 국제결재은행) 기준 총자본비율(이하 BIS비율)은 2017년 3월 말 15.1%에서 2018년 말에는 각각 14.9%, 14.4%, 13.7%로 낮아지는 것으로 추정되었다. 가장 강한 충격인 300bp가 상승하는 경우 일부 은행의 BIS비율이 규제 기준을 하회하는 것으로 분석이 되었다.[3] 참고로 일본은 1990년대 부동산 위기 발생 전에 16개월에 350bp(3.5%)가 올랐고, 미국은 2008년 금융 위기 발생 전에 24개월에 400bp(4.25%)가 올라서 부동산 가격 폭락의 직격탄이 되었다.

표 15 은행 자본 적정성 스트레스 테스트 결과

(%, %p)

금리상승 시나리오	충격 후 BIS 비율	기준시점[1] 대비 변동폭
+100bp	14.9	−0.2
+200bp	14.4	−0.7
+300bp	13.7	−1.4

【자료: 한국은행】

주 1) 2017년 3월 말 현재 국내은행 BIS 기준 총자본비율 15.1%

---

3) 한국은행, 앞의 보고서, 66쪽

앞의 금융안정보고서는 '고신용·고소득 차주'가 전체 가계 부채의 65%를 차지하고 있는 데다 금융 기관의 건전성과 충격 흡수력이 양호하게 관리되고 있어 금리 인상기에도 가계 부채 문제가 시스템 리스크로 확산될 가능성은 낮은 것으로 전망하고 있다. 그러나 가계 부채의 총량과 증가 속도의 심각성은 이미 모두가 주지하고 있는 상황이며, 특히 금리 인상에 취약한 위험 가구와 고위험 가구의 금융 부채 증가가 총 금융 부채의 증가 속도를 두 배 이상 넘어서서 증가됨으로써 가계 부채의 증가에 따른 가계 부채의 질적 구조 또한 악화되고 있는 것도 우려되는 상황이다. 방치하면 미국의 서브프라임 모기지의 전체 모기지론에서 차지하는 비중이 저금리 기간인 2001~2003년의 10% 미만에서 금리 급등기인 2004~2006년 18-20%로 증가[4]한 것처럼 상황이 악화될 수도 있다. 과다한 가계 부채가 맞닥뜨리게 될 최대 리스크는 금리 인상이며, 금리의 급격한 인상은 부동산 가격의 급락을 부르고, 급락이 추가 급락을 부르는 상황이 연쇄적으로 발생하기 때문에, 현재의 1,400조 원에 육박하는 가계 부채 규모 아래서 금리 인상의 여파는 한국은행에서 예측하는 것보다 훨씬 더 크고 빠르고 위험한 상황으로 진행될 수도 있는 것이다.

---

4) 김한수 『한국경제, 가계부채 과잉으로 침몰할 수 있다』, 키메이커, 2016, 15~23쪽

갭(Gap) 투자의 위험성

갭 투자에서 갭(Gap)이란 매매가와 전세가 또는 대출금+월세 보증금 사이의 금액 차이를 말하는 것이다. 갭 투자라는 것이 최근에 생긴 방식만은 아니다. 과거에도 시장에 레버리지 투자(부채를 지렛대 삼아 투자 수익률을 극대화하는 방식)라는 개념으로 공격적인 투자가들이 주식 시장이나 부동산 시장에서 가격 상승기에 즐겨 투자하던 방식이다. 예를 들면 매매가 4억 원인 아파트를 매입해서 1년 뒤 시세가 4,000만 원이 올랐다고 가정하자. 거래 비용은 없는 것으로 가정하면 4억 원을 전부 자기 자금으로 매입했다면 투자금 대비 10%의 가격이 오른 것이고, 대출이나 보증금 등으로 3억 원을 충당하고 순수 투자금은 1억 원만 들어갔다면 투자금 대비 40%의 가격이 상승한 것이다. 최근 몇 년간 매매 가격 대비 전세 가격이 극단적으로 올라가면서 갭의 정의가 매매가와 전세가 사이의 금액 차이로 한정이 되고 그 갭이 최소화됨으로써 소액으로 부동산에 투자를 할 수 있는 기회가 주어지게 되었다. 예를 들면 3억 원짜리 다세대 주택의 전세를 2억 7천만 원까지 받을 수 있다면 특별한 이자 비용 등의 부담 없이 갭 금액인 3천만 원만 가지고 3억 원짜리 빌라에 투자를 할 수 있는 것이다.

그러나 갭 투자는 전세가 및 매매 가격의 상승이라는 한 방향의 움직임만을 상정하고 투자된 방식이기 때문에 기대와는 반대로 전세가 및 매매 가격이 하락하거나 또는 전세 물량 과다 등의 이유로 세입자를 제때 구하지 못하면 투자가는 손실을 볼 수도 있고, 심지어는 '깡통 전세'가 되면 세입자까지도 큰 피해를 볼 수 있다. 필자의 경험상 레버리지 투자는 통상 불황기 말기에서 호황기로 진입할 때 동물적인 감각으로 시장의 변화를 감지하고 투자해야 큰 수익을 남겨주는 방식이다. 현재의 주택 시장 사이클로 이야기하면 이미 2012~2014년에 진입했어야 한다. 2017년 하반기 현재처럼 주택 시장의 호황이 3~4년간 지속되었고, 가계 부채는 최대한 팽창되어 있고, 금리 인상도 코앞에 둔 상황이라 조정의 가능성이 큰 시점에 갭 투자를 하는 것은 상투를 잡고 손실을 볼 수 있다. 주식 시장에서 시장이 과열되어 위탁자 미수금과 신용 융자 잔고가 최고치를 기록할 때 신용 융자를 받아서 주식을 산 사람 중 성공한 투자자는 본적이 없다. 1999년 말 한국 IT 버블의 정점은 영화배우 박중훈 씨의 주식 투자 관련 뉴스가 찍어주었다. 박중훈 씨가 친구를 돕는 차원에서 새롬기술에 투자했다가 상장되면서 주가가 올라 100억 원을 벌었다는 뉴스가 증권가에 화제가 된 적이 있다. 당시 새롬기술은 액면가 500원이 400배인 20만 원까지 올랐었다. 그 뉴스에 개미들은 코스닥의 IT주로 소떼(herd theory)처럼 달려들었다. 그리고 그 다음 해인 2000년 코스닥지수는 미국의 IT 버블 붕괴와 동조화되어 2,925포인트에서 500포인트까지 폭락하면서 보유 주식의 가격이 10분의 1, 또는 20~30분의 1로 토막이

난 종목이 수두룩하게 발생했다. 마찬가지로 이미 갭 투자로 집 300채의 주인이 되었다는 책까지 나온 시점에 투자에 들어가는 것은 진입 시점이 늦은 것으로 보인다. 갭 투자는 아직 시장에 소개된 지 몇 년 되지 않아서 갭 투자의 규모나 주택 매매 건수 가 얼마나 되는지 통계조차 잡혀 있지 않은 실정이다.

우리보다 가계 부채 비율이 높은 북유럽 국가들은 안전한가?

가계 부채 문제와 관련하여 OECD 보고서는 처분 가능 소득 대 비 가계 부채 비율을 기준으로 한국을 북유럽 국가들과 같은 그 룹으로 분류하고 있다고 앞에서 언급하였다. 북유럽 국가들은 가계 부채 비율 상승폭 및 주택 가격 상승률에 있어서도 〈그림 16〉처럼 한국과 유사한 모습을 보여주고 있다.

그림 16 주요국 가계 부채 비율 상승폭 및 주택 가격 상승률

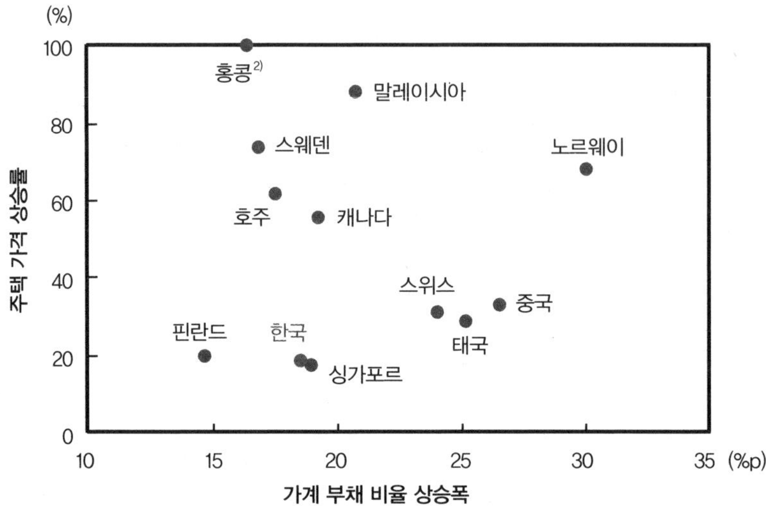

【자료: 한국은행 금융안정보고서, 재인용】

주 1) 2008년 말 대비 2016년 말 상승폭 및 상승률
2) 홍콩의 주택 가격 상승률은 183.4%
자료. BIS, IMF

북유럽 국가의 가계 부채 문제에 대하여 주택금융연구원 고제헌 연구위원이 덴마크와 스웨덴 중심으로 분석한 자료[5]에 따르면 북유럽 국가들의 가계 부채 구조는 다음과 같이 높은 조세 부담, 사적 연금 시장의 발달, 주택 보유 친화적 조세 정책 등의 몇 가지 공통적인 특징에서 비롯된 것으로 분석하고 있다.

---

5) 고제헌, 앞의 글, 26~33쪽

첫째, 높은 조세 부담률이다. 덴마크, 핀란드, 노르웨이, 스웨덴 모두 국민 부담률이 OECD평균 34.2% 보다 높아서 40%를 상회하거나 40%에 육박한다. 한국은 약 25% 수준이다. 따라서 "가처분 소득 기준으로 가계 부채 부담 비율을 평가할 때 북유럽 국가들의 부담 비율이 높게 평가되는 경향이 있다"라고 분석하고 있다.

둘째, GDP 대비 높은 사적 연금 자산 규모이다. 연금 재원 마련을 위한 은퇴 전 강제 저축의 부담이 커 소비의 제약이 발생하고, 향후 미래 소득 및 자산에 기반한 차입을 통하여 유동성을 확보할 유인이 커질 수 있는 것이다.

셋째, 주택 보유를 장려할 수 있는 친화적 조세 정책이다. 북유럽 국가들은 주택 친화적 정책의 일환으로 주택 담보 대출 이자에 대해 비과세 혜택을 제공해왔으며, 그것이 가계 부채 비율을 높이는 데 일조하고 있는 것으로 분석하고 있다. 프랑스나 영국, 독일 등에 비해 주택 보유에 대한 친화적 세제 시스템을 가지고 있는 것으로 분석하고 있다.

넷째. 모기지 상품의 다양성이다. 북유럽 국가들 모기지 대출의 공통적인 특징 중 하나는 만기가 길고, 금리 인상에 취약한 변동 금리 및 거치식·만기 일시 상환 모기지 대출의 비중이 급격히 증가하고 있다는 것이다. 모기지 대출의 EU(European Union, 유럽 연합) 평균은 23.8년인데 스웨덴의 경우 41.2년, 덴마크의 경우 27.2년이다. 덴마크의 경우 변동 금리 모기지 비중은 2003년 30%에서 2015년 2배 이상 증가하였고, 거치식 대출(interest-only mortgage)의 비중 또한 2004년 10%에서 2015년 55%까지 증가하였으며, 통상적으로 거치 기간은 10년이다. 스웨덴의 경우 2014년 기준 모기지 대출 이용 가구의 40%가 원금 상환을 하지 않고 있다. 하지만 60%의 원금을 상환하는 모기지 계약도 일반적인 원리금 분할 상환과는 다르게 전체 대출금이 아닌 기준 LTV를 초과하는 대출금에 대해서는 원금 상환을 하고 기준 LTV 미만 대출금에 대해서는 이자만 지급하는 계약이 일반적이다. 모기지 금리도 90년대 중반 변동 금리 비중은 10% 미만이었지만 2013년 동 비중은 50%까지 증가하였다.

결론적으로 북유럽 국가들의 가처분 소득 대비 가계 부채 비율은 높은 조세 부담과 연금 등에 의한 강제 저축 효과로, 분모가 되는 가처분 소득이 줄어들면서 다소 과장되게 표현되었다고 해석할 수도 있다. 그러나 소득 대비 과도한 가계 부채 부담을 지고 있는 가계 비중이 증가하고 있으며, 덴마크, 스웨덴과 같은 국가에서 변동 금리 및 거치식·만기 일시 상환 대출의 비중이 급격히 증가하였기 때문에 금리 인상에 취약한 구조는 한국의 가계 부채 문제의 경우와 크게 다르지 않다고 볼 수 있다. 다만 모기지 대출의 만기가 EU 평균 23.8년보다 길고, 거치 기간이 서브프라임 모기지 사태 당시 미국의 2년과 비교하여 10년 정도로 상대적으로 길며, 스웨덴의 경우 전체 대출금이 아닌 기준 LTV를 초과하는 대출에 대해서만 원금을 상환하는 구조 등이 당면 리스크를 이연시키거나 분산시키는 효과를 발휘하고 있는 것으로 보인다. 덴마크, 스웨덴은 아베노믹스의 일본처럼 마이너스 금리 정책을 시행하고 있는 나라들로서, 저금리로 부동산으로 돈이 몰리고 가계 부채가 급증가하고 있는 것 또한 한국과 유사한 상황이다. 노르웨이, 핀란드, 스웨덴은 일본과 유사한 시기인 1985~1989년 사이에 주식과 부동산 가격이 폭등했다가 1992년까지 사이에 노르웨이는 30%, 핀란드는 25%, 스웨덴은 50%나 부동산 가격 폭락을 경험했던 국가들이다.[6] 저금리 시기에 부동산 가격의 급등과 연계해서 가계 부채가 급증한 나라들로서 결코 한국보다 안전하다고 할 수 없는 상황으로 보인다.

---

6) 이재범 · 김영기 공저 『부동산의 보이지 않는 진실』, 프레너미, 2016, 92~94쪽

2부

한·미·일 부동산 위기 분석

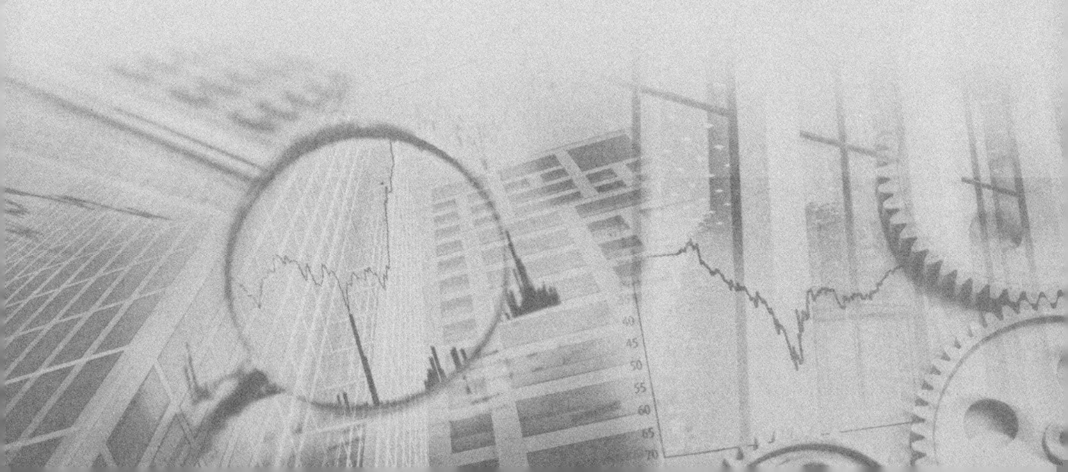

1

1990년대 일본의
부동산 시장 붕괴

1985년 플라자 합의와 엔화 가치 절상

1980년대 초중반 로널드 레이건(Ronald Reagan, 1981~1989 재임) 대통령 재임 당시 미국은 안으로는 재정 적자와 밖으로는 무역 적자라는 '쌍둥이 적자'에 시달리고 있었다. 재정적인 측면에서는 개인 소득세를 대폭 삭감하고 재정 지출은 유지함으로써 대규모 재정 적자가 발생하였다.

대외적인 측면에서는 고평가된 달러 가치 때문에 세계 시장에서 미국 산업(특히 자동차 산업)의 경쟁력을 약화시켜서 무역 수지 적자가 심각하였다. 인플레이션을 억제하기 위한 고금리 정책으로 세계의 자금이 미국으로 몰리면서 1980년부터 1985년 사이에 미국 달러는 당시 다른 G5 선진국▪ 통화 대비 약 50%나

평가 절상되었기 때문이다.[1] 그에 따라 미국 달러화의 평가 절하 필요성이 절박하였다.

▌G5 선진국에서 G20까지 개념도[2] ▌

G20(Group of 20)은 선진 7개국(G7: 미국, 영국, 프랑스, 독일, 이탈리아, 캐나다, 일본)과 유럽 연합의 의장국, 신흥 공업 경제 지역에 속하는 12개국(한국, 아르헨티나, 오스트레일리아, 브라질, 중국, 인도, 인도네시아, 멕시코, 러시아, 사우디아라비아, 남아프리카 공화국, 터키)을 합한 20개국을 일컫는다. 1970년대 석유 파동 때문에 선진 5개국인 미국, 영국, 프랑스, 독일(당시 서독), 일본의 정상들이 경제 협력을 위해 모인 것이 시초가 되어 이탈리아와 캐나다가 초청되어 G7으로 발전하였다. 1999년 9월 IMF 회의에서 신흥 공업 경제 지역의 국내 총생산, 국제 교역량 등 경제 규모를 우선적으로 고려하여 1999년 G20이 성립되었다.

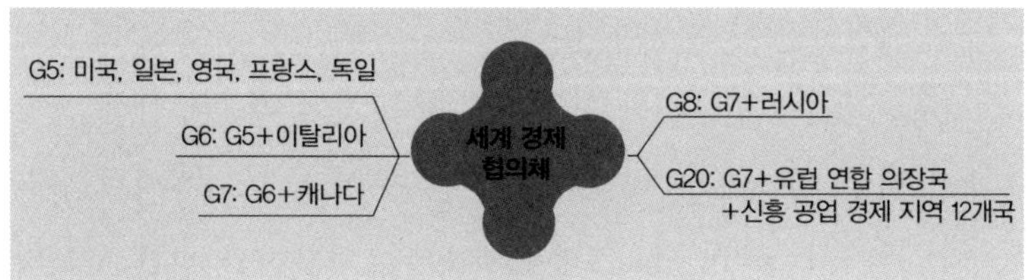

【자료: FRED】

---

1) daum. 위키백과
2) daum, 백과사전

1985년 9월 22일 미국·영국·프랑스·독일(당시 서독)·일본 등 선진 5개국 재무장관이 미국 뉴욕의 플라자 호텔에서 미국의 무역 수지 개선을 위하여 달러 약세를 유도하는 시장 개입에 합의했다. 그에 따라 대미 무역 수지 흑자 규모가 큰 독일과 일본의 마르크화와 엔화의 평가 절상을 합의했다. 이후 미국의 달러화 가치는 급속히 하락하여 경기 회복을 할 수 있었지만, 1달러당 250엔이던 엔화 가치는 2년 만에 120엔까지 올라가면서 일본 수출 기업들의 가격 경쟁력은 급속도로 하락하여 불황에 대한 우려감이 커져갔다.

그림 17 프라자 합의 후 엔 / 달러 환율 변동

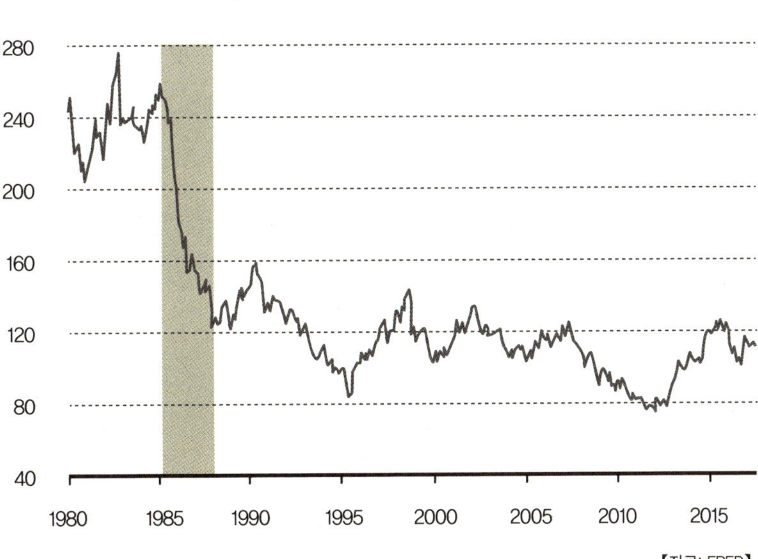

저금리와 자산 가치의 폭등 및 부채의 증가

플라자 합의로 일본에서는 급속한 엔화 가치 상승으로 인해 수출 경쟁력이 하락하면서 '엔고 불황'이 일어날 것으로 우려됐지만, 초기의 일본 은행은 기준 금리를 인하하지 않고 5.0%를 그대로 유지하였다. 그러나 엔고에 의한 불황 우려가 현실화되자 금리 인하 정책이 실행되었으며, 저금리가 부동산이나 주식 투기를 가속화하여 거품을 초래하였다. 5.0%이던 기준 금리가 1986년 1월부터 1987년 2월까지 다섯 차례에 걸쳐 2.5%까지 인하되었으며, 2.5%의 저금리 기간이 1989년 5월까지 28개월간 지속되게 되었다.

저금리로 인하여 시중에는 돈이 넘쳐났고 주식과 부동산 가격이 폭등했다. 주식 시장에서 니케이 225(Nikkei 225) 지수는 플라자 합의 이후 1990년 대폭락 전까지 약 네 배(약 1만 포인트 →약 4만 포인트) 가까이 상승하였다. 부동산 가격도 폭등하여 1987년 법인 취득 토지에 대하여 시세 차익의 96%까지 양도 소득세를 중과하는 제도까지 도입되었지만, 1988년 한 해에만 도쿄의 공시 지가는 65.3%나 폭등했다.[3] 1990년 일본 부동산 전체의 가치는 2,000조 엔이 넘는 것으로 평가되었으며, 일본 부동산을 팔면 미국을 네 번이나 살 수 있다는 말이 나올 정도였

---

3) 다치키 마코토 지음, 차학봉 해제, 강신규 옮김 『일본을 통해 본 부동산 10년 대폭락 시나리오』, 21세기북스, 2007, 20쪽

다. 이 기간에 부동산 가격이 폭등하자 부동산 대출금도 폭증하여 비은행 금융 회사들의 부동산 담보 대출 금액은 1985년 22조 엔(약 228조 원)에서 1989년 말 80조 엔(약 838조 원)으로 네 배 가까이 폭증하면서 버블 붕괴의 조건을 성숙시켜갔다.

그림 18 프라자 합의 후 일본의 기준 금리 변화

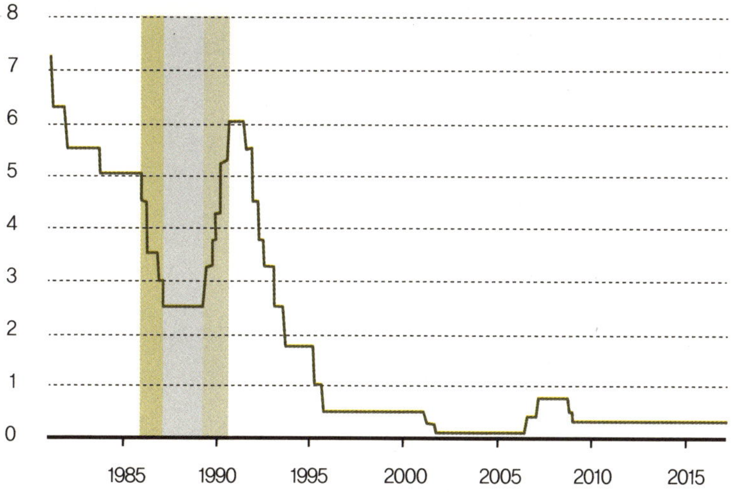

【자료: FRED】

금리의 급속한 인상과 버블의 붕괴

일본 정부는 부동산 시장과 주식 시장 과열의 가장 큰 원인을 저금리로 보고 1989년 5월부터 1990년 8월까지 단기간인 16개월에 걸쳐 2.5%에서 6.0%까지 3.5%를 인상하게 된다. 금리 인상의 여파로 먼저 직격탄을 맞은 것은 일본의 주식 시장이었다. 1989년 말 4만 포인트를 목전에 두었던 Nikkei 225 지수(장중 최고가 38,957.44포인트 기록)는 1990년 한 해 동안에만 약 40%가 폭락하더니 결국 장기적으로 1만 포인트 이하까지 붕괴되는 굴욕을 당하게 된다.

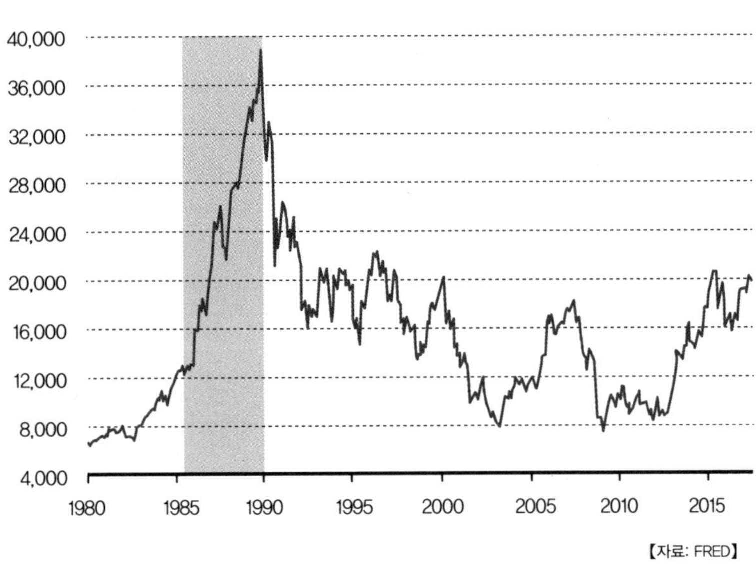

그림 19 프라자 합의 이후 Nikkei 225 지수

　　1990년 일본 주식 시장이 반 토막 나는 상황을 심각하게 인지하지 못하고 1990년에도 상승세를 지속(도쿄 기준 오피스 23.2% 상승, 아파트 3.8% 상승, 토지 8.2% 상승, 상업 용지 7.8% 상승 등)[4]하던 일본의 부동산 시장은 1991년부터 폭락하기 시작하여 1991년 한 해에만 지가가 반 토막으로 하락하면서 장기적으로 집값은 60%, 상업 용지의 경우 80%까지 폭락했다.[5] 2008년 미국의 사례와 마찬가지로 금리 인상이 마무리되면서 부동산 시장이 붕괴되기 시작하더니, 장기적으로는 그것이 일본 경제의 잃어버린 25년, 일본 부동산의 잃어버린 25년의 서막이 되어버린 것이다.

그림 20 일본의 명목 주택 가격 지수: 2000~2015(2010=100 기준)

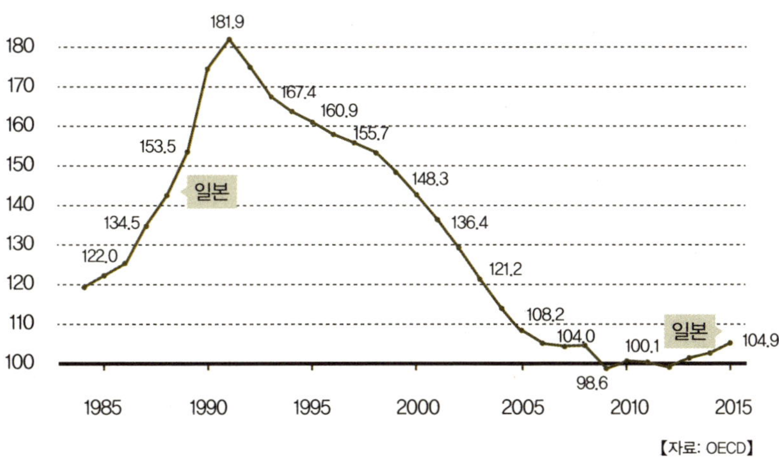

---

4)　일본 국토교통성(www.mlit.go.jp)
5)　다치키 마코토 지음, 차학봉 해제, 강신규 옮김, 앞의 책, 47쪽

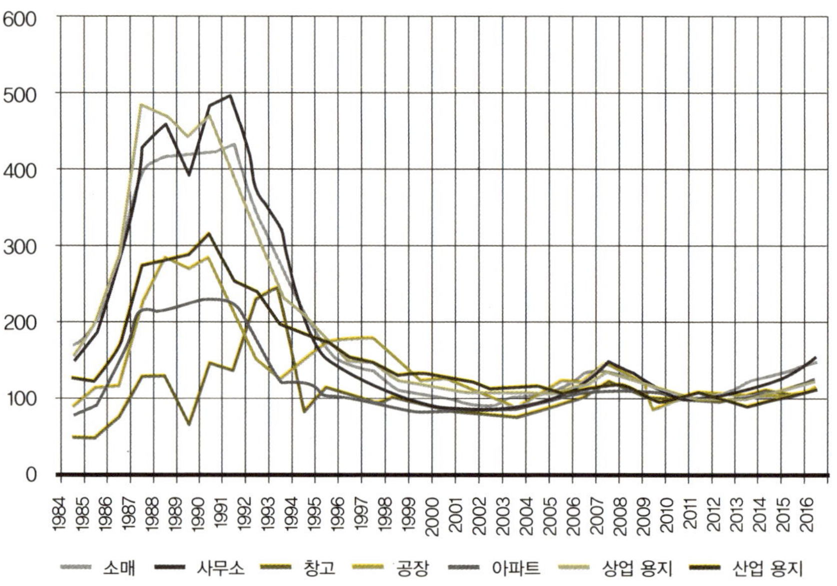

그림 21 프라자 합의 이후 도쿄의 부동산 시세 변화(2010=100 기준)

【자료: 일본 국토교통성(www.mlit.go.jp)】

아베노믹스와 마이너스 금리 시대

일본 경제는 아직까지도 1990년대 초반 부동산 가격 폭락을 포함한 버블 붕괴 후유증의 연장선상에 놓여 있다. 아베노믹스란 '아베'와 '이코노믹스(economics, 경제학)'의 합성어로 2012년에 일본 총리로 취임한 아베 신조(安倍晋三)의 경제 정책을 말한다. 아베노믹스는 버블 붕괴 후 지속된 일본의 '잃어버린 경제 25년' 탈출을 목표로 양적 완화, 재정 지출 확대 등 공격적인 경제 정책을 시행하고 있으며 그중에 하나가 일본 은행의 마이너스 금리 정책이다. 일본 은행의 마이너스 금리 정책은 2016년 1월부터 시행하고 있다. 마이너스 금리 정책은 대개 중앙은행과 시중 은행 간 거래에 적용되며, 일본도 중앙은행과 시중 은행 간 거래에 초과 지급 준비금을 대상으로 마이너스 금리를 도입하여 시행하고 있다. 금융 기관들이 중앙은행에 여유 자금을 예치하기보다는 대출 등에 활용하라는 뜻으로, 내수 활성화와 부동산 시장으로의 자금 유입을 기대한 조치이다. 마이너스 금리가 시행되면 실질 금리가 낮아지므로 저축보다는 투자나 소비 쪽으로 돈이 몰리게 되어 내수 경제가 살아날 수 있으며, 자국의 통화 가치가 하락하므로 수출 가격 경쟁력이 높아져 수출 증가도 기대할 수 있다. 참고로 마이너스 금리 정책은 유럽 중앙은행이 2014년 6월 주요 국가의 중앙은행 중 최초로 시중 은행의 초단기 예금에 -0.1%의 금리를 적용하면서 스위스(-0.75%), 덴마크(-0.75%), 스웨덴(-0.35%)도 마이너스 금리 정책을 시행하기 시작했다. 마이너스 금리 정책에는 부작용도 존재하며, 은행의 금리 인하로 가계의 이자 수입은 줄게 되고, 낮은 금리로 인해 투자자가 몰린 주식과 부동산 가격이 비정상적으로 급등하는 경우가 발생할 수도 있다.[6]

---

6) 이새윤, daum 백과사전, 2017년 8월 방문

2

2008년 미국의
부동산 시장 붕괴

폰지 차입자(ponzy borrowers)와 미국의 금융 위기

앞서 인용된 민스키는 상환 불능의 과잉 부채 문제를 설명하기 위해 경제 단위를 헤지 차입자(hedge borrowers), 스페큘러티브 차입자(speculative borrowers), 폰지 차입자(ponzy borrowers)로 구분했다. 가장 안정적인 차입자는 헤지 차입자이다. 헤지 차입자는 자체 현금 흐름으로 원금과 이자를 갚을 수 있는 사람이다. 스페큘러티브 차입자는 소득에서 비롯되는 현금 흐름으로 부채의 원금을 갚지는 못해도 이자는 낼 수 있는 사람이다. 원금은 상환 만기가 되면 롤 오버(roll over, 연장)를 해야 한다. 폰지 차입자는 발생하는 현금 흐름으로 원금은커녕 이자조차 갚지 못

하는 사람을 말한다.[1] 그의 이론에 따르면 경제가 호황이 계속
되면서 투자자와 금융 기관들이 낙관에 젖어들면 스페큘러티브
차입자와 폰지 차입자가 늘어난다. 그러나 어느 순간 정부 당국
이 인플레이션 억제를 위해 통화 긴축에 나서면, 폰지 차입자의
순 자산 가치는 급격히 증발하여 자산을 팔아치울 수밖에 없게
되고, 이자 지급 능력을 가지고 있던 스페큘러티브 차입자는 더
이상 대출을 받을 수 없게 되며, 스페큘러티브 차입자의 몰락은
건전한 헤지 차입자마저 위축시킨다. 이른바 금융 위기가 터지
는 것이다.[2]

2000년의 IT 버블 붕괴와 2001년 9.11 테러로 경기 침체가
우려되자 앨런 그린스펀(Alan Greenspan, 당시 미연방준비제도이
사회 의장)은 6.50%에 머물던 미국의 기준 금리를 2001년 3월부
터 2003년 7월까지 13차례에 걸쳐 1%까지 낮추었다. 그에 따라
2004년 6월까지 약 만 3년간 50년 이래 최저 금리인 1%대 금리
가 지속되었다. 8%대였던 금융 기관 대출 금리가 4%대로 떨어
져서 이자 부담이 절반으로 줄어들게 되자 주택 보유 비율이 크
게 증가했다.[3]

---

1) 조지 쿠퍼 지음, 김영배 옮김 『민스키의 눈으로 본 금융위기의 기원』, 리더스하우스, 2009, 6쪽
2) 위의 책, 7쪽
3) 에가와 유키오 저, 김형철 편역 『21세기 경제괴물 서브프라임의 복수』, 선암사, 2008, 56쪽

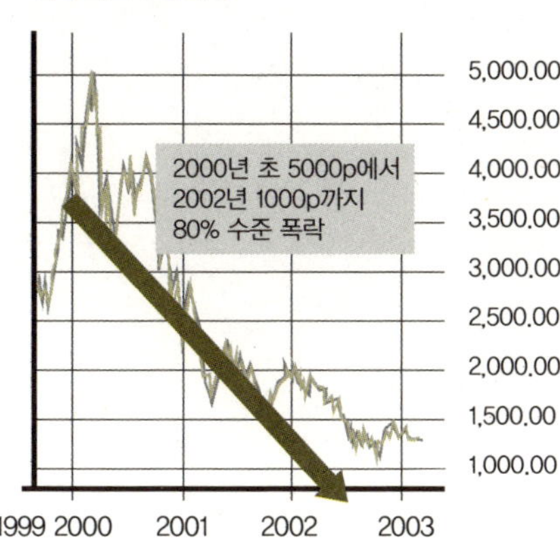

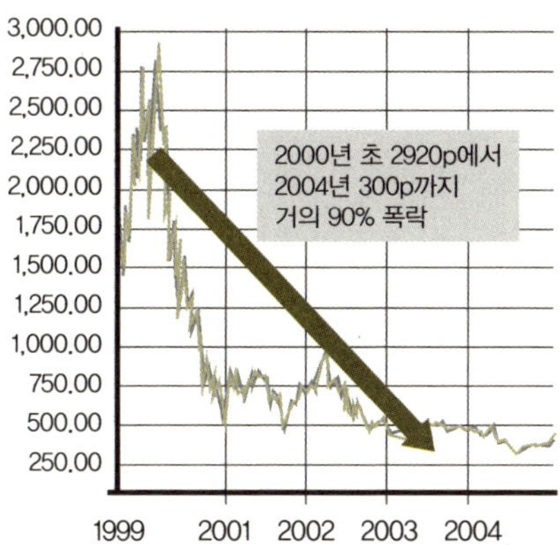

【자료: 프리미엄 주식정보 http://cafe.daum.net/thinkjjang】

그림 23 2000년 IT 버블 붕괴부터 2008년 금융 위기까지의 미국의 기준 금리 변동

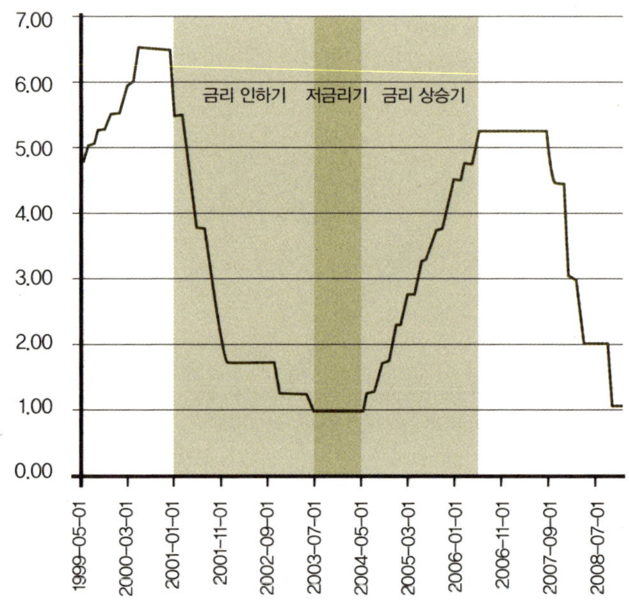

7.00
6.00
5.00
4.00
3.00
2.00
1.00
0.00
금리 인하기   저금리기   금리 상승기
1999-05-01
2000-03-01
2001-01-01
2001-11-01
2002-09-01
2003-07-01
2004-05-01
2005-03-01
2006-01-01
2006-11-01
2007-09-01
2008-07-01

장기간 지속된 저금리로 인하여 주택 시장과 경기가 과열되고 급격한 인플레의 압박을 받게 되자 그린스펀은 2004년 6월부터 2006년 6월까지 2년 동안 기준 금리를 일명 '그린스펀의 베이비스텝(Greenspan's babystep)'으로 0.25%씩 17회에 걸쳐 1%에서 5.25%로 인상했다. 미국의 주택 시장은 금리 인상이 종료되는 시점인 2006년 중반에 케이스-실러 지수(20개 대도시 기준)가 206.65포인트로 고점을 찍고 하락하기 시작하여, 3년 만인 2009년 5월 140.80포인트까지 31.8%가 폭락하게 된다. 이로 인해 1차로 폰지 차입자에 해당하는 서브프라임 모기지 차입 계층이 이자 부담으로 직접적인 타격을 입게 되었으며, 2007년 서브프라임 모기지 연체율은 사상 최고인 16.31%를 기록하게 된다.[4] 그리고 그 피해는 스페큘러티브 차입자, 금융 기관 등 미국 경제 및 금융 시스템 전반으로 확대되면서 2008년의 금융 위기로 파국을 맞게 된다.

서브프라임 모기지의 난맥상

미국의 주택 담보 대출 상품은 집을 사려는 일반 개인들의 신용 등급에 따라 프라임(prime, 높음), 알트-A(Alternative-A, 중간), 서브프라임(subprime, 낮음) 모기지 3가지로 나뉜다. 신용 등급

---

4) daum 백과, 2017년 7월 방문

이 높을수록 낮은 우대 금리를 적용받을 수 있다. 모기지 신용 등급은 신용 평가 회사인 FICO에서 5개 부문을 기준으로 매겨진다. 점수는 최저 300점에서 최고 850점까지 나타난다. 일반적으로 신용 점수가 620점 미만에 해당하는 사람들이 서브프라임 모기지를 받는다. 신용 점수 620점은 넘지만 소득 증명이 불완전하거나 두 번째 주택을 구입하는 경우는 알트-A 모기지에 해당된다.[5] 신용 등급이 낮아서 은행에서 대출을 받을 수 없는 사람들이 마치 우리의 제2금융권처럼 미국 주류 은행은 아니더라도 620점 미만의 사람들을 대상으로 대출을 해주는 곳이 있다. 그것이 바로 서브프라임 모기지 업체다.

주택 대출 상품의 대출 경쟁은 2003년부터 2005년에 걸쳐 격화됐다. 금융 회사들은 집값의 평균 80% 가량이던 LTV 비율을 90~95%로 확대했다.[6] 집값 전체를 빌려주는 노 다운(No Down) 융자가 유행했으며, 2005~2006년 주택을 구입한 가구 중 40%가 이를 이용한 것으로 추정된다. 자동 대출 허가가 사용됨에 따라 대출은 적절한 검토 및 서류 작성 없이 가능해졌으며, 2007년 서브프라임 대출의 40%가 자동 인수로 이루어졌다. 대출자들이나 브로커들이 대출 자격을 맞추기 위해 신청자의

---

5) daum 백과, 2017년 7월 방문
6) 에가와 유키오 저, 김형철 편역, 앞의 책, 59쪽

수입을 부풀려 기입하는 등의 모기지 신청서 허위 작성 신고 건수도 20003년부터 2006년까지 두 배 이상 증가하였으며, 그로 인한 대출 업체의 피해액도 2006년 한 해에만 10억 달러에 이르는 것으로 추정되었다.[7]

대출 상품 측면에서도 전통적인 고정 금리·분할 상환 방식(매달 원금과 이자를 합해 일정액을 내야 하는 30년 고정 금리 방식)에서 변동 금리형 모기지론으로 대체되기에 이르렀다. 서브프라임 모기지는 대부분이 고정 금리 대출 형태인 우량 주택 담보 대출과는 달리 최초 일정 기간 4~6%의 낮은 고정 금리가 적용되다가 이후에는 시장 금리에 가산 금리가 더해지는 모기지 변동 금리(ARM: Adjustable Rate Mortgage) 구조를 가지고 있다. ARM은 최초 2~3년간은 낮은 이자를 붙이지만 3~4년 이후부터는 이자 부담이 급증하는 타입의 대출이다. 2004년 이후 급속히 증가한 하이브리드 ARM이라고 불리는 상품이 전형적인 형태이다. 하이브리드란 고정 금리형 주택 대출과 변동 금리형 주택 대출이 교배됐다는 의미로 최초 2~3년은 금리가 고정되어 있고, 3~4년부터 변동 금리형으로 전환되는 상품이라는 것이다. 서브프라임 모기지론 중 하이브리드 모기지론의 비중은

---

7) 이데일리, 2007년 4월 25일, 권소현 기자 「서브프라임 대출 신청 허위 작성 극성」: 블룸버그 통신

85%에 달했다.[8]

2006년 현재 서브프라임 모기지 잔액은 1조 4000억 달러에 달하게 된다. 2000년 1500억 달러 수준이던 것이 2002년 3000억 달러 → 2005년 6000억 달러 → 2006년 1조 4000억 달러로 증가하였다. 중간 등급인 알트-A 모기지(1조 2000억 달러)보다 훨씬 많은 수준이다. 서브프라임 모기지는 전체 모기지론 중 2001~2003년의 10% 미만에서 2004~2006년 18~20%로 증가하였다.[9] 서브프라임 모기지 차입자들도 처음에는 모기지론의 원금이나 이자를 갚는 사람이었기 때문에 민스키의 분류에 의한 폰지 차입자가 아니었으나, 2003년부터 대출 경쟁이 본격적으로 격화되고 대출 사기가 극성을 부리고 모기지 대출 자격이 변동되면서 폰지 차입자들이 서브프라임 모기지로 차입자로 대거 참여하게 된다. 급격히 팽창하는 주택 수요와 매일 눈만 뜨면 오르는 집값은 투기적 대출 및 폰지 형태의 대출을 늘리는 쪽으로 자금의 이동을 촉진했으며, 대출 기관은 주택 가격이 지속적으로 오르리라는 믿음하에 폰지 차입자에게 지속적으로 대출 규모를 늘려가면서 자금을 공급했다. 높은 수준의 레버리지로 이루어진 매우 위험한 담보 대출이 대규모로 실행되었다.[10]

---

8) 에가와 유키오 저, 김형철 편역, 앞의 책, 84쪽
9) 김한수 『한국경제, 가계부채 과잉으로 침몰할 수 있다』, 키메이커, 2016, 15~23%
10) 조지 쿠퍼 지음, 김영배 옮김, 앞의 책, 4~5쪽

　2004년 6월부터 2006년 6월에 걸쳐 기준 금리가 1%에서 17
회에 걸쳐 5.25%로 급등하자, 고정 금리가 변동 금리로 변환되
는 시점에 있는 서브프라임 모기지를 이용한 주택 구입자들에
게는 상환 비용이 급등했고, 갑자기 뛰어오른 재정적 부담을 감
당하기 어려웠다. 2004년 10.3%에 그쳤던 서브프라임 모기지
연체율은 2007년 19.8%로 높아졌다. 2006년 하반기부터 서브프
라임 모기지의 연체율과 주택 압류율이 빠르게 높아졌고 이는
곧 바로 서브프라임 모기지를 판매해 온 모기지 은행들의 위기
로 이어졌다.

그림자 금융(Shadow Banking)과 헤지 펀드(hedge fund)

미국의 2008년 금융 위기 사태에서 사태를 더욱 악화시킨 것
은 모기지론 → RMBS → CDO → CDS로 이어지는 파생 상품
에 의한 '그림자 금융(Shadow Banking)'[■]이었다. 모기지론은 증
권화되고 그 파생 상품이 다시 2차, 3차로 가공돼 전 세계의 투
자자들에게 대량으로 팔려나갔다. 서브프라임 모기지의 절반은
RMBS 형태로 증권화되어 시장에 유통되었으며, 서브프라임 모
기지 RMBS의 대부분은 CDO로 재가공되었다. 서브프라임 모
기지는 1조 4000억 달러에 불과하였지만 파생 상품으로 바뀌면
서 수조 달러의 채권에 파고들게 되었고 그것이 위기 해결을 더
욱 어렵고 복잡하게 만들었다.

서브프라임 모기지의 잔액은 2006년 1조 4000억 달러나 되었다. 미국에서 서브프라임 모기지의 대출자는 은행이 아닌 파이낸스 회사다. 애그리게이터(aggregator, 대형 금융 회사 또는 대형 금융 회사가 운영하는 펀드 등)가 파이낸스 회사로부터 주택 저당 채권을 사모아서 RMBS[*]를 만들면서 서브프라임 모기지의 증권화는 활발하게 이루어졌다.

이 그에 해당한다)에 팔면, 유동화 중개 회사는 이를 담보로
하여 RMBS라는 상품을 발행하여 자본 시장의 투자자들에게
팔아서 금융 회사에게 매수 대금을 지급해준다. 금융 회사는
장기간에 걸쳐 채무자들로부터 상환 받아야 할 돈을 한 번에
회수함으로써 그 돈으로 다시 주택 구입자들을 위한 대출 재
원으로 사용할 수 있게 된다.

그림 24 서브프라임 RMBS 발행액

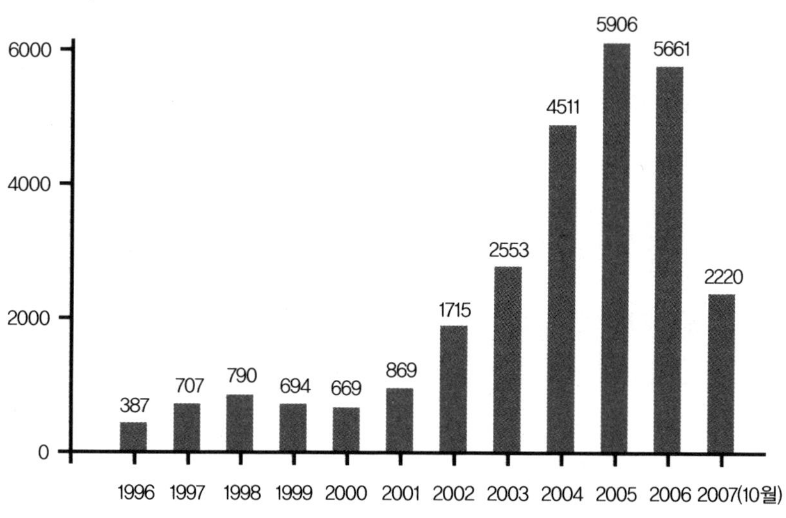

독일은행그룹 | 자료: 에가와 유키오 저·김형철 편역, 앞의 책, 재인용

미국 5대 투자 은행 중 하나인 리먼브라더스(Lehman Brothers)
는 RMBS로 엄청난 손실을 입고 파산했다. 2008년 9월 15일 미

국 연방 법원에 파산을 신청했을 당시 부채 규모는 6,130억 달러로 미국 역사상 가장 큰 파산이었다.[11] 서브프라임 모기지 RMBS 가운데 신용 평가 상위 등급은 연금 기금, 보험 회사, 은행 등의 기관 투자가가 가져가고 그들이 기피하는 하위 등급은 CDO■에 편입됨으로써 2차 증권화가 이루어진다. 미국과 영국의 대형 투자 은행들은 2000년대 들어 모기지 금융 기관들로부터 서브프라임 모기지 RMBS를 대량으로 사들여 합성한 뒤 CDO를 발행했고, CDO를 설계·인수·발행하는 업무를 통해 막대한 수입을 올리고 있었다.

▌CDO〔Collateralized Debt Obligation, 부채담보부증권〕▌

회사채나 금융 회사의 대출 채권, RMBS 등을 한데 묶어 새로운 상품으로 만들어서 유동화시킨 파생 상품. 신용 등급을 높이기 위하여 채권 보증 전문 회사들이 보증을 서기도 하며, 신용 등급이 상대적으로 낮은 채권들을 섞어 새로운 신용 등급의 CDO를 만들기도 한다. 2006년 미국 등지에서 1조 달러 규모의 CDO가 발행될 정도로 성행하였다. 2007년 주택 담보 대출 연체율이 높아지면서 서브프라임 모기지 사태가 벌어져 채권 가격이 폭락함으로써 CDO에 투자한 주요 금융 회사 등 투자자들이 큰 손실을 입고 미국의 금융 위기로 이어졌다.

---

11) 한경경제용어사전, 네이버

이러한 CDO는 유럽의 은행을 시작으로 세계 각국의 금융 회사 및 펀드들을 대상으로 판매됐다. 또한 투자 은행들은 자신들이 운용하는 헤지 펀드[1]를 통해 가장 신용 등급이 낮고 고수익을 안겨주는 CDO에 대거 투자했는데 그 과정에서 투자 수익을 더욱 높이기 위해 자기 자본 대비 10배에서 20배에 달하는 규모의 단기 자금을 차입했다.

▌헤지 펀드(hedge fund)▐

투자 지역이나 투자 대상 등 당국의 규제를 받지 않고 고수익을 노리지만 투자 위험도 높은 투기성 자본이다. 헤지란 본래 위험을 회피·분산시킨다는 의미이지만 헤지 펀드는 위험 회피보다는 투기적인 성격이 더 강하다. 국제적으로는 주로 100명 미만의 투자가들로부터 개별적으로 자금을 모아 파트너 쉽(partnership)을 결성한 뒤 운영한다. 헤지 펀드는 국제 금융 시장을 교란시키는 하나의 요인으로도 지적되기도 하며, 자산 규모 200억 달러가 넘는 퀀텀 펀드나 타이거 펀드가 대표적인 헤지 펀드이다. 한국의 헤지 펀드도 10조 원을 돌파하였으며, 50명 미만에게 투자 권유를 할 수 있다.

그런데 고수익·고위험 CDO에 대한 헤지 펀드들의 높은 레버리지 투자는 2007년 여름을 거치면서 서브프라임 모기지에 대한 부실 우려가 커지자 곧 바로 이들 헤지 펀드의 유동성 위기로 직결되고 말았다. 또한 2008년 2월 불어난 서브프라임 모기지의 부실로 인해 최상위 AAA 등급 CDO에 대한 지급 보증을 제공한 미국 양대 모노라인(monoline, 채권 보증 전문 회사) MBIA나 암박(Ambac)까지도 신용 등급 하락과 유동성 부족으로 인한 파산 위기를 맞게 되었다.[12]

▌모노라인(monoline, 채권 보증 전문 회사)▌

채권 보증 전문 회사. 채권을 발행한 기업이나 금융 회사가 부실해져 돈을 제대로 갚지 못할 때, 이를 대신 지급해주기로 보증하는 회사다. 채권 시장이 발달한 미국에서는 모노라인의 채권 보증 규모만 2006년 말 기준 2조 2000억 달러에 달할 정도로 활성화돼 있다. 채권 등 금융 시장 관련 분야만 보증하면 모노라인, 부동산과 재해 관련 위험까지도 보증하면 멀티라인(multilines)으로 불린다.

서브프라임 모기지 관련 마지막 증권화는 CDS(신용 부도 스와프)이다. CDS는 계약 기간 동안에 준거 자산에 신용 사건이

---

12) 에가와 유키오 지음, 김형철 편역, 앞의 책, 78~80쪽

발생하면 매도자가 매입자에게 손실액을 보상해주어야 하는 보험과 같은 구조이다. 미국 최대 보험사 AIG(아메리칸 인터내셔널 그룹)는 서브프라임 모기지를 기초 자산으로 만든 파생 금융 상품 CDS를 대량으로 매도해 많은 수익을 올렸다. 그러나 서브프라임 금융 위기가 발생하면서 보증 계약을 이행하지 못하는 위기에 처하게 되었다. AIG에 미국 정부는 1,820억 달러의 구제 금융을 지원해야 했다.

▌CDS(credit default swap, 신용 부도 스와프)▌

금융 기관이 채권이나 대출을 해준 기업의 채무 불이행 등의 신용 위험에 대해 보증 회사(보험사)에 일정한 수수료(프리미엄)를 지급하고 신용 사건 발생 시 손실을 보장받는 일종의 파생 보험 상품이다. 다만 서브프라임 모기지 사태처럼 채무자가 대규모로 부실화되거나, 보증 회사가 부실화되면 연쇄적으로 프리미엄을 지급한 금융 기관까지 보장을 받지 못하고 부실화될 수도 있다. [네이버 지식백과] (시상상식사전, 박문각)

2008년 금융 위기는 투자 은행(우리나라의 증권 회사와 같다고 보면 된다)의 높은 레버리지에 기초한 과도한 위험 인수(risk taking) 행태가 투자 은행의 고유한 불안정한 자금 조달 구조와 맞물려 발생한 것이라 해도 무방하다. 증권 회사에 대한 순자본 비율 규제가 제거된 2004년부터 상위 투자 은행 3사(모건스탠리,

메릴린치, 골드만삭스)의 레버리지가 급격히 상승하기 시작했다. 2007년 레버리지 비율은 서른 배에 달했으며 은행 지주 회사 3사인 Citi, J.P. Morgan Chase, BOA의 경우 레버리지 비율이 스무 배에 육박했다.[13]

표 16 주요 투자 은행의 레버리지 비율 추이

	2003년 회계년도	2004년 회계년도	2007년 회계년도
Merrill Lynch	15.7	19.1	27.8
Goldman Sachs	18.7	21.2	26.2
Morgan Stanley	24.2	24.5	28.5
Lehman Brothers	23.7	23.9	30.7

【자료: 전창환, 「2008년 미국의 금융위기와 금융자본의 재편」,
동향과전망76호, 커뮤니케이션북스, 2009】

2008년에 미국 주택 소유자 및 기업은 '부동산 금융 익스포저'로 약 25조 달러의 부채를 안게 되었다. 미국 은행의 전통적인 모기지론은 약 8조 달러였고, 미국 은행의 기타 전통적인 모기지론의 대출은 약 7조 달러였다. 나머지 10조 달러는 증권화 시장에서 발생한 것이다. 2007년 봄에 증권화 시장은 문을 닫기 시작하여 2008년 가을에 완전히 문을 닫았다. 10조 달러의 신용 시장이 기능을 못하게 된 것이다. 2008년 리먼브라더스(Lehman Brothers)),

---

13) 전창환, 「2008년 미국의 금융위기와 금융자본의 재편」, 동향과 전망 76호, 2009년

베어스턴스(Bear Sterns), 메릴린치(Merrill Lynch), 모건스탠리 (Morgan Stanley), 골드만삭스(Goldman Sachs) 5개 대형 투자 은행 중 세 곳이 파산하였고, 리먼브라더스는 간판을 내렸으며, 베어 스턴스와 메릴린치는 다른 은행에 싼값에 팔렸다. 모건스탠리 와 골드만삭스는 상업 은행으로 전업했다.[14]

---

14) 김한수, 앞의 책, 키메이커, 2016, 21%

3

한·미·일 부동산 위기 비교 분석

한·미·일 부동산 위기의 12단계 진행 가설

미국과 일본 부동산 위기의 공통점

비교표는 부동산 가격, 경기, 금리, 부채 이렇게 네 가지 지표의 변동을 기준으로 하여 앞에서 스토리텔링 방식으로 설명한 일본과 미국의 부동산 폭락 사례를 '위기의 발생'은 7단계, '위기의 극복'은 5단계, 총 12단계로 구분하여 비교 분석해본 것이다. 놀랍게도 1990년대 일본의 부동산 위기와 2008년 미국의 부동산 위기는 똑같은 '12단계 진행 가설'의 틀 안에서 진행되었음을 확인할 수 있다. 단계별로 설명하면 다음과 같다.

표 17 1990년대 일본과 2008년 미국의 부동산 위기 진행 과정 비교

구분	단계 / 국가	1990년대 일본 부동산 위기	2008년 미국 부동산 위기
위기의 발생 7단계	1. 1차 급격한·단기 금리인하[1]	2.5% (5.0%→2.5%) (○) 14개월 ('86.1~'87.2) (○)	4.75% (6.50%→1.75%) (○) 12개월 ('01.1~'01.12) (○) *'03.6, 1.0%까지 인하
	2. 저금리기간 지속	(~'89.4) (○)	(~'04.6) (○)
	3. 부동산 가격 폭등[2]	'상품별 200% 내외 상승 (○)	주택 45.3% 상승 (○)
	4. 부동산관련 부채 급증	'85년 22조 엔 →'89년 80조 엔 (○)	'00년 1,500억 달러 → '06년 1조 4,000억 달러 (○)
	5. 급격한·단기 금리인상	3.5% (2.5%→6.0%) (○) 16개월 ('89.5~90.8) (○)	4.25% (1.0%→5.25%) (○) 2년 ('04.6~'06.6) (○)
	6. 금리인상기 부동산 가격 상승세 지속	금리인상 전 일시 조정 후 인상기에 상승세 지속 (○)	상승세 지속 주택 25.2% 상승 (○)
	7. 부동산 가격 폭락	10년간 주택 60%, 상업용지 80% 폭락 (○)	주택 31.8% 폭락 (○)
위기의 극복 5단계	8. 2차 급격한·단기 금리인하[3]	4.25% (6.0%→1.75%) (○) 26개월 ('91.6~'93.8) (○) * '99년 제로금리 선언	5.0% (5.25%→0~0.25%) (○) 17개월 ('07.8~'08.12) (○)
	9. 부동산 가격 회복	일본부동산 잃어버린 25년 (X)	주택 지수 전고점 근접 206.65 vs 198.38 (○)
	10. 디레버리지 (deleverage)	139.4%('95) → 125.1%('12) (△)	143.5%('07) → 112.1%('15) (○)
	11. 경기 회복	일본경제 잃어버린 25년 (X)	장기간에 걸쳐 경기 회복 중 (△)
	12. 금리수준 회복[4]	'16 마이너스 금리 도입 (X)	회복 중 0~0..25%→1~1.25%(△)

※ 조건 충족 여부(○: 충족, △: 미흡, X: 미충족)

주 1) 비부동산 위기 대응 목적
2) 금리 인상 전까지의 상승률
3) 부동산 관련 위기 대응 목적
4) 1단계 발생 전 기준

○ **1~2단계** 1차 급격한 단기 금리 인하와 저금리 기간 지속

정상적인 상황 아래서는 경기를 부양하기 위해서 금리를 인하하는 경우 그 폭과 속도도 완만하게 진행이 되지만, 사례의 일본과 미국은 경제 위기 상황으로 인한 '급격한 · 단기' 금리 인하를 단행하였다. 여기서 '급격한'은 기준 금리 2.50% 이상의 변동, '단기'란 2년 이내를 의미하는 자의적인 기준으로 상황에 따라 차이는 있을 수 있다. 8단계의 '급격한 · 단기' 금리 인하와 구분하기 위하여 1차라고 하였다. 또한, '위기 상황'은 비부동산 사유로 인한 위기 상황을 말하며, 구체적으로 경기 침체나 불황에 처한 상황을 말한다. 저금리 기간의 지속과 관련하여 지속 기간의 종점은 본격적으로 금리 인상이 시작되기 직전까지로 설정하였다.

· 일본은 플라자 합의로 인한 '엔고 불황'을 극복하기 위해서 기준 금리를 1986년 1월부터 1987년 2월까지 13개월 동안 다섯 차례에 걸쳐 5.0%에서 2.5%까지 2.5%를 인하하였으며, 2.5%의 저금리 기간이 1989년 5월까지 지속되었다.

· 미국은 2000년의 'IT 버블 붕괴'와 2001년 '9.11 테러'로 경기 침체가 우려되자 6.50%에 머물던 기준 금리를

2001년 1월부터 2001년 12월까지 12개월 동안 6.50%에서 1.75% 까지 4.75%를 선제적으로 인하하였으며, 이후 2003년 6월의 1.0%까지 0.75%를 추가 인하하였고, 1.0%의 저금리 기간이 2004년 6월까지 지속되었다.

○ **3단계 부동산 가격 폭등**

· 금리 인하 및 저금리 지속 기간 동안 일본은 플라자 합의 이후 주식 시장에서 니케이 225 지수는 1990년 대폭락 전까지 약 네 배(약 1만 포인트→약 4만 포인트) 가까이 상승하였으며, 상품별 부동산 지수도 200% 내외의 상승률을 기록하였다.

· 미국의 주택 가격 지수는 2001년 1월부터 2004년 6월까지 약 45.3%가 상승하였다.

○ **4단계 부동산 관련 부채 급증**

· 과열된 부동산 가격의 상승을 등에 업고 일본의 비은행 금융 회사들의 부동산 담보 대출 금액은 1985년 22조 엔(약 228조 원)에서 1989년 80조 엔(약 838조 원)으로 네 배 가까이 폭증하였다.

· 미국의 서브프라임 모기지론 잔액도 2000년 1,500억 달러 수준이던 것이 2002년 3,000억 달러 → 2005년 6,000억 달러 → 2006년 1조 4,000억 달러로 증가하였다.

○ **5단계** 급격한 단기 금리 인상

· 일본은 부동산 시장과 주식 시장 과열의 가장 큰 원인을 저금리로 보고 기준 금리를 1989년 5월부터 1990년 8월까지 16개월에 걸쳐 2.50%에서 6.00%까지 3.50%를 인상하게 되었다.

· 미국도 인플레이션에 대응하기 위하여 기준 금리를 2004년 6월부터 2006년 6월까지 2년 동안 17회에 걸쳐 1.0%에서 5.25%까지 4.25%나 인상하였다.

○ **6단계** 금리 인상기 부동산 가격 상승세 지속(부동산 위기 발생 전까지)

· 금리의 인상이 시작되었음에도 불구하고 비이성적으로 과열된 시장은 멈출 수가 없었다. 일본의 부동산 가격은 금리 인상 전 약간 조정세를 보이는 듯 했으나, 금리 인상기인 1989년 5월부터 1990년 8월까지는 물론 그 다음 해인 1990년까지도 주식 시장이 약 40% 폭락하는 상황 속에서도 상승세를 지속하게 된다.

· 미국은 만 2년간의 금리 인상기 동안에도 주택 가격 지수인 케이스-실러 지수(20개 대도시 기준)는 하락하지 않고 오히려 약 25.2% (164.30→205.80)나 상승하였다.

○ **7단계** **부동산 가격 폭락**

· 일본의 부동산 시장은 1991년부터 폭락하기 시작하여 1991년 한 해에만 지가가 절반이나 하락하더니, 2010년까지 약 20년 동안 장기적으로 주택은 60%, 상업 용지의 경우 80%나 폭락하였다.

· 미국의 케이스-실러 지수(20개 대도시 기준)는 금리 인상 마감 2개월 전인 2006년 4월 206.65포인트로 고점을 찍고 하락하기 시작하여 3년 만인 2009년 5월 140.80포인트까지 31.8%가 폭락하게 된다. 이후 횡보세를 보이다가 2012년 2월 137.04포인트로 겨우 바닥을 찍고 반등세로 돌아설 수 있었다.

〈위기의 극복 5단계〉

○ **8단계** **2차 급격한 단기 금리 인하**

· 일본은 경기 침체에 대한 대응으로 1991년 6월부터 1993년 8월까지 기준 금리를 6.0%에서 1.75%까지 26개월 동안에 걸쳐 4.25%를 인하하였으며, 1995년 4월에 1.0%까지 추가 인하하였으며, 1999년부터 공식적으로 제로 금리 정책을 선언하였다. 이후 2016년부터 마이너스 금리를 시행하고 있다.

· 미국은 금융 위기 극복을 위해서 기준 금리를 2007년
8월부터 2008년 12월까지 17개월 동안에 5.25%에서
0~0.25%까지 인하하였다.

○ **9단계 부동산 가격 회복**

· 미국은 금리 인하 및 역사적인 양적 완화 조치로 경제 위
기 극복과 함께 주택 가격도 회복되어 금융 위기 발생 전
의 고점(지수 206.65포인트)과 유사한 198.38포인트를 기
록하고 있다.

· 일본은 1991년의 부동산 대폭락이 '일본 부동산 잃어버
린 25년'의 출발점이 되었으며, 이후 한 번도 변변한 회복
세를 보이지 못하고 있다.

○ **10단계 디레버리지(deleverage)**

· 미국은 주택 가격의 회복과 함께 금융 위기의 주범이었
던 부채의 감소에도 주력하여 처분 가능 소득 대비 가계
부채 비율을 2007년 143.5%에서 2015년 112.1% 수준까
지 줄였다.

· 일본도 처분 가능 소득 대비 가계 부채 비율을 OECD 자
료 기준으로 1995년 139.4%에서 2012년 125.1%까지 줄
였다가 아베노믹스의 영향으로 다시 증가하기 시작하여
2015년 현재 135.1%를 보이고 있다.

○ **11~12단계** 경기 회복과 금리 수준 회복

· 미국의 경기는 장기간에 걸쳐서 회복 중에 있다. 미국
은 부동산 가격의 회복세와 경기의 회복세에 힘입어 기
준 금리를 0~0.25에서 2015년 12월부터 2017년 6월
1.0~1.25%까지 약 1년 반 동안 네 번에 걸쳐 1.0%를 인
상하였으며, 앞으로도 추가 상승 쪽에 무게가 많이 실려
있지만, 부동산 위기의 발생 전 수준인 5.0~6.0%대 수준
까지는 크게 미치지 못하고 있다.

· 일본의 경기는 1991년의 부동산 대폭락이 일본 부동산
의 잃어버린 25년, 일본 경제의 잃어버린 25년의 출발점
이 되었으며, 최근의 아베 정권이 들어선 이후 조금이나
마 반등의 기지개를 펴고 있는 것으로 보인다. 금리도 앞
에서 언급했듯이 마이너스 금리 정책을 시행하고 있다.

결론적으로 1990년대 일본의 부동산 위기와 2008년 미국의
부동산 위기는 1단계부터 7단계의 부동산 가격 폭락 및 그에 따
른 경기 침체에 대응하기 위하여 8단계에서 급격하게 금리를
최저 수준으로 인하한 것까지는 모두 똑같은 과정을 거쳤다. 다
만 위기가 발생한 후 부동산 가격, 경기, 금리가 부동산 위기 전
수준을 회복하는 과정에서는 서로 전혀 다른 길을 걷고 있다.
일본의 부동산 가격, 경기, 금리는 모두 회복 불능의 상태로 남
아 있고, 미국의 부동산 가격은 위기 발생 전 고점을 거의 회복

했으며 경기와 금리는 회복세에 있다는 점에서 서로 운명을 달
리하고 있다.

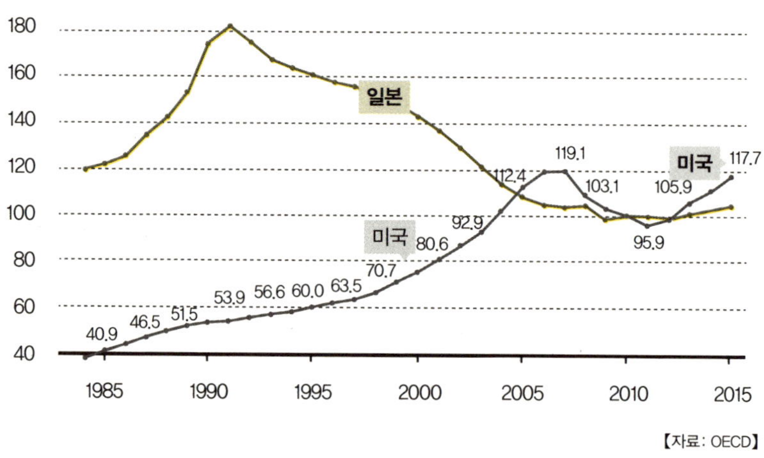

그림 25 미국과 일본의 명목 주택 가격 지수 변동: 1985~2015 (2010=100 기준)

【자료: OECD】

미국발 세계 금융 위기에도 살아남은
한국의 2008년 부동산 시장

2008년 서브프라임 모기지 부실에서 출발한 미국 금융 위기가 미국에 국한되지 않고, 서유럽 재정 위기 등 세계 경제 위기로 파급되면서 선진국 대부분 국가들의 부동산 시장이 폭락을 맞는 가운데, 유독 한국의 부동산 시장만은 위기를 맞지 않고 약 7개월간의 단기 하락에 그치고 반등하는 장세를 보여주었다. 다음의 〈표 18〉은 1990년대 일본과 2008년 미국 부동산 위기를 비교 분석한 〈표 17〉에 2008년 한국의 부동산 위기 상황을 추가하여 비교 분석한 것이다. 비교표를 통하여 미국발 세계 금융 위기에도 불구하고 한국의 2008년 부동산 시장만은 차별적으로 살아남을 수 있었던 원인을 분석해낼 수 있다. 미국을 주요 비교 대상으로 하여 단계별로 설명하면 다음과 같다.

표 18 1990년대 일본 · 2008년 미국 · 2008년 한국 부동산 위기 진행 과정 비교

구분	단계 / 국가	1990년대 일본 부동산 위기	2008년 미국 부동산 위기	2008년 한국 부동산 위기
위기의 발생 7단계	1. 1차 급격한 · 단기 금리인하[1]	2.5% (5.0%→2.5%) (○) 14개월 ('86.1~'87.2) (○)	4.75% (6.50%→1.75%) (○) 12개월 ('01.1~'01.12) (○) *'03.6, 1.0%까지 인하	2.0% (5.25%→3.25%) (△) 4년 2개월('00.10~'04.11) (X)
	2. 저금리기간 지속	(~'89.4) (○)	(~'04.6) (○)	(~ '05.10) (△) * 3.25% 수준
	3. 부동산 가격 폭등[2]	상품별 200% 내외 상승 (○)	주택 45.3% 상승 (○)	주택 37.7% 상승 (○)
	4. 부동산관련 부채 급증	'85년 22조 엔 →'89년 80조 엔(○)	'00년 1,500억 달러 →'06년 1조 4,000억 달러(○)	'02년 464.7조 원 →'08년 723.5조 원(○)
	5. 급격한 · 단기 금리인상	3.5% (2.5%→6.0%) (○) 16개월 ('89.5~'90.8) (○)	4.25% (1.0%→5.25%) (○) 2년 ('04.6~'06.6) (○)	1.75% (3.25%→5.0%) (X) 23개월 ('05.10~'07.8) (○)
	6. 금리인상기 부동산 가격 상승세 지속	금리인상 전 일시 조정 후 인상기에 상승세 지속(○)	상승세 지속 주택 25.2% 상승 (○)	상승세 지속 주택 20.2% 상승(○)
	7. 부동산 가격 폭락	10년간 주택 60%, 상업용지 80% 폭락(○)	주택 31.8% 폭락(○)	주택 약 2.1% 하락 후 바로 반등 (X)
위기의 극복 5단계	8. 2차 급격한 · 단기 금리인하[3]	4.25% (6.0%→1.75%)(○) 26개월 ('91.6~'93.8)(○) * '99년 제로금리 선언	5.0% (5.25%→0~0.25%) (○) 17개월 ('07.8~'08.12)(○)	3.25% (5.25%→2.00%) (○) 7개월 ('08.8~'09.2)(○)
	9. 부동산 가격 회복	일본부동산 잃어버린 25년(X)	주택지수 전고점 근접 206.65 vs 198.38(○)	전고점보다 19.0% 상승 가계 부채와 주택 시장 과열 새로운 위기로 대두(○)
	10. 디레버리지 (deleverage)	139.4%('95)→125.1%('12) (△)	143.5%('07)→112.1%('15) (○)	143.3%('08)→170.0%('15) (X)
	11. 경기 회복	일본경제 잃어버린 25년(X)	장기간에 걸쳐 경기 회복 중 (△)	당초 견조하였으나 침체 후 회복세 (△)
	12. 금리수준 회복[4]	'16 마이너스 금리 도입(X)	회복 중 0~0..25%→1~1.25%(△)	경기 침체로 1.25%까지 하락 후 회복 기미 (△)

【 ※ 조건 충족 여부(○: 충족, △: 미흡, X: 미충족)】

주 1) 비부동산 위기 대응 목적
　　2) 금리인상 전까지의 상승률
　　3) 부동산 관련 위기 대응 목적
　　4) 1단계 발생 전 기준

○ 1단계 1차 급격한 단기 금리 인하

앞에서 설명한 바와 같이 미국이 2000년의 'IT 버블 붕괴'와 2001년 '9.11 테러'로 6.50%에 머물던 기준 금리를 12개월 동안 6.50%에서 1.75%까지 4.75%를 인하하고 추가로 2003년 7월의 1.0%까지 인하하는 시기에 한국도 동조화 현상으로 금리 인하를 단행하였다. 다만 인하 기간이 4년 2개월(2000.10~2004.11)로 길고 인하 폭도 2.0%(5.25%→3.25%) 수준에 그침으로써 '급격한 단기 금리 인하'라는 1단계의 요건을 충족하지 않고 비껴가면서 2단계로 이행하게 된다. 이것이 나중에 5단계의 '급격한 단기 금리 인상'의 충격을 최소화하는 발판이 된다.

○ 2단계 저금리 기간 지속

미국의 저금리(1.75%~1.0%) 기간은 2001년 12월부터 시작하여 2004년 6월까지 2년 7개월 동안 지속되었다. 한국의 저금리(3%대 금리를 굳이 저금리로 포함한다면) 지속 기간은 2003년 7월부터 금리 인상이 시작되는 2005년 10월까지 약 2년 4개월이다. 다만 저금리의 수준이 3%대로서 일본의 2.5%나 미국의 1.0%에 비하면 상대적으로 높은 편이었다.

○ **3단계** 부동산 가격 폭등

당시는 저금리를 등에 업은 세계적인 자산 가치 상승 추세에 있었으므로 한국의 부동산 가격도 이에 동조화되어 KB 부동산 주택매매가격 종합지수 기준으로 2001년 1월부터 금리 인상이 시작되는 2005년 10월까지 약 37.7%(51.7포인트→ 71.2포인트)나 상승하였다. 주택 가격은 이미 1997년 11월 IMF 사태 발생 당시의 지수 57.1포인트를 24.7%나 넘어선 수준이었다. 노무현 정부는 부동산 시장 과열을 막기 위하여 2005년 2.17 대책, 5.4 대책, 8.31 대책 2006년 3.30 대책, 2007년 1.11 방안 등 부동산 대책을 쏟아냈지만 세계적인 자산 가치 상승 추세에 한국만 차별적으로 저지하기에는 역부족인 면이 있었다.

○ **4단계** 부동산 관련 부채 급증

부동산 시장의 과열로 한국의 가계 부채는 2002년 말 464.7조 원에서 2008년 말 723.5조 원으로 55.7%인 258.8조 원이 증가하였다. 미국은 앞에서 설명한 바와 같다.

○ **5단계** 급격한 단기 금리 인상

부동산 가격 및 부채의 급등에 대응하여 미국은 기준 금리를 2년 동안 4.25%(1.0%→5.25%)를 급격하게 인상하였다. 한국도 2005년 10월부터 2007년 8월까지 23개월에 걸쳐

3.25%에서 5.0% 수준으로 1.75%를 인상하였다. 1단계에서 상대적으로 작은 폭(2.0%)을 인하하였던 만큼 5단계에서도 작은 폭의 금리 인상으로 제자리에 되돌려놓은 것이다. 따라서 금리 인상에 따른 이자 부담의 충격과 부동산 가격 하락의 압박이 미국 등 다른 나라에 비하여 가장 적었다고 평가할 수 있다.

○ **6단계** 금리 인상기 부동산 가격 상승세 지속(부동산 위기 발생 전까지)

한국의 주택 지수도 일본과 미국의 사례와 똑같이 금리 인상기에도 아랑곳하지 않고 상승세를 이어갔으며, 2008년 9월 미국의 리먼브라더스 사태가 터질 때까지도 상승세를 지속하면서 금리 인상을 시작한 2005년 10월보다 20.2%(71.2 포인트→85.6포인트)나 상승하였다.

○ **7단계** 부동산 가격 폭락

앞서 분석한 바와 같이 6단계까지 동일한 과정을 밟아 온 1990년대 일본과 2008년 미국의 부동산 시장은 7단계에서 가격이 대폭락하였다. 그러나 2008년 한국의 부동산 시장은 7단계에서 대폭락 사태를 겪지 않고 2008년 9월 리먼브라더스 사태 발생 후 일시적으로 약 2.1%(85.6→83.8)가 하락하였다가 6~7개월 만에 바닥을 찍고 2009년 하반기부터 반등세로 돌아서게 된다.

○ **8단계** 2차 급격한 단기 금리 인하

1990년대 일본과 2008년 미국 모두 8단계에서는 부동산 폭락 및 경제 위기에 대한 대응으로 금리를 급격히 제로 수준 근처까지 인하하게 된다. 한국도 2008년 미국발 금융 위기에 대응한 세계적인 금리 인하 추세에 동조하여 7개월(2008년 8월~2009년 2월) 만에 기준 금리를 3.25%(5.25%→2.0%)나 급격하게 인하하게 된다.

○ **9단계** 부동산 가격 회복

7단계에서 2008년 말 2009년 초에 일시적으로 하락하였다가 상승세로 돌아선 한국의 부동산 가격은 2009년 말에 금융 위기 당시의 전 고점을 가볍게 회복하고 추가 상승을 지속하면서 2012년 5월에는 94.1포인트를 기록함으로써 2008년 9월 금융 위기 당시의 전 고점 85.6포인트를 9.9%나 초과 상승하게 된다. 이후 한 차례의 조정기를 거치고 다시 상승세를 타서 2017년 7월 현재는 2008년 9월 금융 위기 당시의 전 고점 85.6포인트보다도 무려 19.0%나 급등한 101.9포인트를 기록함으로써 2017년 5월 출범한 문재인 정부는 전 정부에서 과도하게 부양한 부동산 시장의 과열을 오히려 규제하여야 하는 상황에 처하게 된다.

○ **10단계 디레버리지(deleverage)**

· 미국은 주택 가격의 회복세에도 불구하고 금융 위기의 원인이었던 부채의 감소에도 주력하여 처분 가능 소득 대비 가계 부채 비율을 2007년 143.5%에서 2015년 112.1% 수준까지 줄였다.

· 일본도 처분 가능 소득 대비 가계 부채 비율을 OECD자료 기준으로 1995년 139.4%에서 2012년 125.1%까지 줄였다가 아베노믹스의 영향으로 다시 증가하기 시작하여 2015년 현재135.1%를 보이고 있다.

· 우리나라는 처분 가능 소득 대비 가계 부채 비율이 OECD 자료 기준으로 2008년 143.3%에서 2015년 170.0%로 증가하였다.

○ **11단계 경기 회복**

우리나라의 경기는 2008년 금융 위기 직후에는 다른 나라의 부러움을 살 정도로 양호했으나, 이명박 정부 말기부터 침체되기 시작하여 지금은 회복 속도가 미국보다 뒤처지는 것을 우려해야 하는 상황에 처해 있다. 또한 경기 부양 수단으로 완화한 대출 및 부동산 규제는 가계 부채의 급등으로 이어져 한국 경제에 부메랑이 되어 돌아왔다.

○ **12단계** 금리 수준 회복

한국은 2008년 부동산 위기 발생 후 8단계에서 2.0%까지 내렸던 금리를 경기 회복세에 힘입어 2011년 6월 3.25%까지 인상하면서 위기 발생 전 금리 수준을 회복할 수 있는 위치에 있었으나, 이를 지켜내지 못하고 경기가 하락하면서 경기 부양을 위해 기준 금리를 2016년 6월 1.25%까지 지속적으로 내려야 했으며, 부동산 위기 발생 전 금리 수준의 회복은 요원한 채 오히려 한·미간 금리가 역전되는 것을 우려해야 하는 상황에 처해 있다.

2008년 금융 위기로 미국의 부동산 시장이 붕괴될 때 한국의 부동산 시장은 왜 붕괴되지 않았을까? 해답은 비교표의 1단계와 5단계에 있다. 한국이 사례의 일본 및 미국의 상황과 비교할 때 부동산 위기 발생 전 저금리를 틈타 주택 가격이 지속적으로 상승하고, 담보 대출 증가로 가계 부채가 연평균 43조 원씩 증가하고, 금리 인상기에도 주택 가격이 지속적으로 상승하는 점에서는 유사점이 있지만, 저금리의 수준이 3%대로 비교 대상 대비 상대적으로 높고, 그에 따라 금리 인상기에 금리 인상의 폭이 크지 않다는 뚜렷한 차이점이 있었다. 다시 말해 가장 결정적인 사유는 한국과 일본 및 미국이 처한 기준 금리의 수준이 달랐다는 데 있다. 아래의 〈그림 26〉처럼 비교표의 5단계에서 미국의 기준 금리가 2004년 6월부터 2006년 6월까지 2

년 동안에 1.0%에서 5.25%까지 4.25%를 올라갈 때 한국의 기준 금리는 2005년 10월 3.25%에서 2007년 8월 5.0%까지 23개월에 걸쳐 1.75%만 올라갔다. 즉, 1단계에서의 금리 수준 3.25%를 발판 삼아 우리 경제가 금리 인상에 따른 이자 부담을 견딜 수 있는 수준으로 금리 인상이 이루어진 것이다. 등산으로 비유하면 미국은 두 시간 동안에 100m에서 525m 정상까지 425m를 올라갔다면 한국은 똑같은 약 두 시간 동안에 325m에서 500m 정상까지 175m만 올라간 것이다. 물론 동 시기에 금리적인 측면 외에도 미국은 서브프라임 모기지라는 악성 가계 부채가 급증하였고, 한국은 경제 펀더멘털이 OECD 국가 중에서도 부러움을 살 정도로 건실하였다는 뚜렷한 차이점이 있다. 또한 노무현 정부 때 2005년 8.31 대책 및 세금 폭탄을 동원해가면서 부동산 상승을 최대한 억제한 정책의 효과도 부정할 수는 없을 것이다.

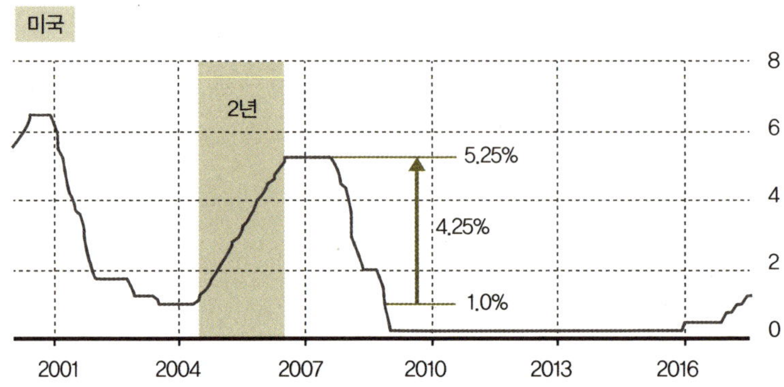

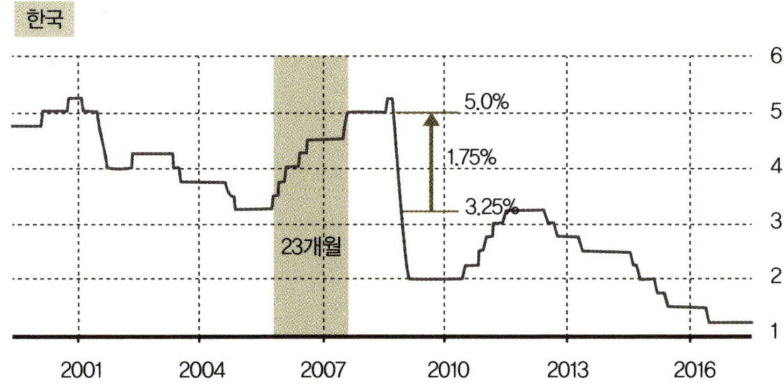

그림 26 2008년 금융 위기 발생 전 한국과 미국의 기준 금리 변동 폭 비교

다시 위기에 처한 2017년 한국의 부동산 시장

표 19 1990년대 일본 · 2008년 미국 · 2008년 한국 · 2017년 한국 부동산 시장 위기 비교

구분	단계 / 국가	1990년대 일본	2008년 미국	2008년 한국	2017년 한국
위기의 발생 7단계	1. 1차 급격한 · 단기 금리인하[1]	2.5% (5.0% →2.5%) (○) 14개월 ('86.1 ~'87.2) (○)	4.75% (6.50% →1.75%) (○) 12개월 ('01.1 ~'01.12) (○) *'03.6, 1.0% 까지 인하	2.0% (5.25%→3.25%) (△) 4년 9개월('00.10~'04.11) (X)	2.0% (3.25→1.25%) 4년('12.7~'16.6) 최저수준으로 인하(△)
	2. 저금리기간 지속	(~'89.4) (○)	(~'04.6) (○)	(~'05.10) (△) * 3.25% 수준	(~'17.8) (○)
	3. 부동산 가격 폭등[2]	상품별 200% 내외 상승 (○)	주택 45.3% 상승 (○)	주택 37.7% 상승 (○)	전고점보다 19.0% 상승 (○)
	4. 부동산 관련 부채 급증	'85년 22조 엔 →'89년 80조 엔 (○)	'00년 1,500억 달러 →'06년 1조 4,000억 달러 (○)	'02년 464.7조 원 →'08년 723.5조 원 (○)	1,388.3조 원 연평균 9.6% 급등세 ('14~'16) (○)
	5. 급격한 · 단기 금리인상	3.5% (2.5% →6.0%) (○) 16개월 ('89.5 ~90.8) (○)	4.25% (1.0% →5.25%) (○) 2년('04.6 ~'06.6) (○)	1.75% (3.25% →5.0%) (X) 23개월 ('05.10~'07.8) (○)	?
	6. 금리인상기 부동산 가격 상승세 지속	금리인상 전 일시 조정 후 인상기에 상승세 지속 (○)	상승세 지속 주택 25.2% 상승 (○)	상승세 지속 주택 20.2% 상승 (○)	?
	7. 부동산 가격 폭락	10년간 주택 60%, 상업용지 80% 폭락 (○)	주택 31.8% 폭락 (○)	주택 약 2.1% 하락 후 바로 반등 (X)	?
	8. 2차 급격한 · 단기 금리인하[3]	4.25% (6.0% →1.75%) (○) 26개월 ('91.6 ~'93.8) (○) * '99년 제로금리 선언	5.0% (5.25% →0~0.25%) (○) 17개월 ('07.8 ~'08.12) (○)	3.25% (5.25% →2.00%) (○) 7개월 ('08.8 ~'09.2) (○)	
	9. 부동산 가격 회복	일본부동산 잃어버린 25년 (X)	주택 지수 전고점 근접 206.65 vs 198.38 (○)	전고점보다 19.0% 상승. 가계 부채와 주택 시장 과열 새로운 위기로 대두(○)	

위기의 극복 5단계	10. 디레버리지 (deleverage)	139.4%('95)→ 125.1%('12) (△)	143.5%('07) →112.1%('15) (○)	143.3%('08) →170.0%('15) (X)	
	11. 경기 회복	일본경제 잃어버린 25년 (X)	장기간에 걸쳐 경기 회복 중 (△)	당초 견조하였으나 침체 후 회복세 (△)	
	12. 금리수준 회복[4]	'16 마이너스 금리 도입 (X)	회복 중 0~0..25%→ 1~1.25% (△)	경기 침체로 1.25%까지 하락 후 회복 기미 (△)	

※ 조건 충족 여부 (○: 충족, △: 미흡, X: 미충족)

주 1) 비부동산 위기 대응 목적
　　2) 금리인상 전까지의 상승율
　　3) 부동산관련 위기 대응 목적
　　4) 1단계 발생 전 기준

　「한·미·일 부동산 위기의 12단계 진행 가설」에 의하여 1990년대 일본·2008년 미국·2008년 한국·2017년 한국 부동산 시장 위기를 비교 요약하면 다음과 같다.

· 일본은 8단계에서 급격하게 금리를 최저 수준으로 인하한 것까지는 미국과 똑같은 길을 걸었으며 10단계의 디레버리지(deleverage)도 일정 부분 실행하였으나, 부동산 가격 회복, 경기 회복 및 금리 수준 회복 과정에서 제대로 된 회복세를 보이지 못하고 「한·미·일 부동산 위기의 12단계 진행 가설」의 9단계, 11단계, 12단계에서 25년째 머물고 있다.

· 미국은 1단계부터 시작된 부동산 위기를 극복하면서 부동산 가격 회복, 디레버리지, 경기 회복, 금리 수준 회복이라는 수순을 잘 밟아가고 있다. 9단계의 부동산 가격은 2008년 위기 발생 전 고점에 근접하면서 거의 회복하였으며, 2008년 금융 위기 후 10단계의 디레버리지도 성실히 이루어져 처분 가능 소득 대비 가계 부채 비율도 2007년 143.5%에서 2015년 112.1%까지 낮추었다. 11단계의 경기는 세계 경제의 회복세를 선도하면서 장기간에 걸쳐서 회복세에 있고, 12단계의 금리 수준은 8단계 당시의 0~0.25%에서 1.0~1.25%로 인상하여 회복 중에 있다. 양적 완화로 과도하게 공급된 유동성도 회수하는 작업에 들어갔다. 아직 갈 길은 멀지만 11단계의 경기 회복세가 좀 더 받쳐주고 그에 힘입어 12단계의 금리 수준만 회복하면, 미국은 1단계 전의 각종 지표를 상당 부분 회복하게 됨으로써 「한·미·일 부동산 위기의 12단계 진행 가설」에 의한 사이클에서 벗어날 수가 있다.

· 우리나라는 아래의 2008~2011년 GDP 성장률에서 알 수 있듯이 2008년 미국발 금융 위기 당시 위기의 영향을 가장 적게 받는 유일한 나라로 차별화된 길을 걸으며 세계의 부러움을 한 몸에 받았었다.

표 20 주요 선진국들의 GDP 성장률 (%)

국가/연도	2002	2003	2004	2005	2006	2007	2008	2009	2010	2011	2012	2013	2014	2015	2016	2017
한국	7.43	2.93	4.90	3.92	5.18	5.46	2.83	0.71	6.50	3.68	2.29	2.90	3.34	2.79	2.83	2.63
미국	1.79	2.81	3.79	3.35	2.67	1.78	−0.29	−2.78	2.53	1.60	2.22	1.68	2.37	2.60	1.62	2.14
프랑스	1.08	085	2.59	1.67	2.51	2.35	0.08	−2.86	1.88	2.11	0.22	0.62	0.67	1.21	1.10	1.26
독일	0.02	−0.72	0.70	0.88	3.87	3.37	0.82	−5.57	3.95	3.72	0.69	0.60	1.59	1.49	1.78	1.97
이태리	0.25	0.24	1.37	1.15	2.10	1.33	−1.07	−5.52	1.65	0.72	−2.85	−1.75	0.19	0.66	0.99	0.96
일본	0.12	1.53	2.20	1.66	1.42	1.65	−1.09	−5.42	4.19	−0.12	1.50	2.00	0.34	1.07	1.04	1.44
영국	2.40	3.47	2.53	2.97	2.50	2.56	−0.63	−4.33	1.92	1.51	1.31	1.91	3.07	2.19	1.81	1.57

【자료: OECD】

그러나 이명박 정부(2008.2~2013.2) 말기부터 시작된 경기 침체로 3.25%에 머물던 기준 금리가 2012년 7월부터 2016년 6월 1.25%까지 지속적으로 인하되고, 박근혜 정부는 건설 및 부동산 시장 부양을 통해 경기를 부양하는 정책적 오판을 함으로써, 주택 시장은 과열되고 가계 부채는 거의 세계 최고 수준으로 급등하게 된다. 설상가상으로 경기 침체 위기를 벗어난 미국이 기준 금리를 단계적으로 인상하면서 2017년 8월 현재 기준 금리는 한국과 같은 수준이 되었으며 한국도 금리를 인상해야 하는 상황에 처하게 되었다. 그에 따라 「한·미·일 부동산 위기의 12단계 진행 가설」의 사이클을 가장 모범적으로 졸업할 기회를 살리지 못하고, 오히려 2017년 현재 문재인 정부의 부동산 시장

은 유급생이 되어 부동산 위기 사이클 1~4단계로 퇴보하고 말
았다. 비교표를 보면 2017년 문재인 정부의 부동산 시장 상황은
2008년 한국 부동산 시장 위기의 9단계, 10단계, 12단계를 2017
년 부동산 시장 위기의 1~4단계로 그대로 옮겨 놓았음을 알 수
있다. 이제 또 다시 5단계의 금리 인상의 충격 앞에 직면하게
된 것이다. 주택 시장은 과열되고 가계 부채는 2002년 말 464.7
조 원과 비교하여 세 배나 되는 1,388.3조 원이나 되는 상황에
서, 2005년 금리 인상기에는 기준 금리 3.25%부터 달려갔지만
지금은 1.25%부터 달려가야 하는 것이다.

3부

문재인 정부의
부동산 시장 전망

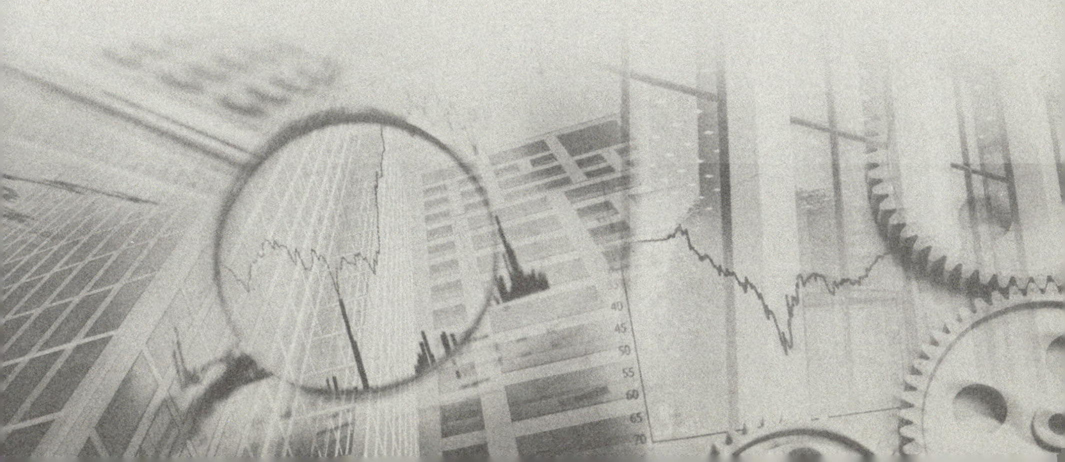

1

기술적 분석 :
조정이 임박한 부동산 시장

**부양책이 나오면 내리고
규제책이 나오면 오르는 부동산 시장**

주식 시장이나 부동산 시장에서 일반적으로 부양책이 나오면 상승을 하고, 규제책이 나오면 장이 조정을 받거나 하락할 것이라고 생각한다. 과연 그럴까? 정답은 그렇지 않다. 절대 그렇지 않다. 만약 그렇게 생각했다면 그 사람은 시장 참여 경험이 일천할 확률이 높다. 또한 그렇게 전망하는 전문가가 있다면 그 사람은 전형적인 뒷북치는 전문가일 것이다. 주식 시장이나 부동산 시장에서 부양책과 규제책은 3~5년 주기로 반복되는 상승·조정·하락 장세와 관련하여 움직임이 거의 유사한 속성을 가지고 있다. 하락 장세에서 부양책이 나오면 반짝 반등하는 듯하다가 다시 하락을 지속하고, 반대로 상승 장세에서 규제책이 나오면 상승세가 잠시 주춤하는 듯하다가 오히려 다시 상승세를 지속하는 속성이 있다.

시장 참여자들은 "왜 부양책이 나왔는데 장이 상승하지 않고 오히려 하락하는 것인가?" 또는 "왜 규제책이 나왔는데도 시장은 진정되지 않고 오히려 상승세를 지속하는 것인가?"라는 의문을 품게 될 것이다. 이렇게 정리하면 시장의 속성을 이해하기 쉽다. 하락세 또는 상승세로 추세를 잡은 시장은 한 번의 부양책이나 규제책으로는 장세를 전환시키지는 못한다. 따라서 장세를 전환시키려면 부양책이나 규제책이 연달아 몇 번은 나와줘야 한다는 것이다. 시장에 부양책이 나왔다는 것은 시장의 체력이 그만큼 허약하다는 것이다. 병이 약 한 번 먹었다고 완치될 수 없듯이 허약해진 시장이 부양책 한 번으로 바로 건강해져서 반등할 수는 없다. 약 먹듯이 몇 번의 부양책이 나오면 시장이 비로소 기력을 회복해서 한편으로는 시장 참여자에게 끊임없이 회의감을 주면서도 또 다른 한편으로는 새벽처럼 소리 없이 상승 장세로 진입하게 된다. 반대로 시장에 에너지가 넘쳐서 과열되면 한두 번의 규제책으로는 장이 쉽게 수그러들지 않는다. 그러나 매에는 장사가 없듯이 규제책도 몇 번 반복이 되면 시장의 에너지도 소진되기 시작해서 결국에는 꺼지기 직전의 불꽃처럼 마치 추가로 더 상승할 듯한 화려한 모습을 보이다가 느닷없이 하락세로 돌아서게 되는 것이다. 결론적으로 주식 시장과 부동산 시장의 양대 자산 관리 시장에서 쌓은 경험을 바탕으로 부양책 및 규제책과 시장의 흐름과의 관계를 정리해 보면 다음과 같다. 하락 내지 조정 장세에 있는 시장은 부양책이라는 약을 먹으면서 기력을 회복하기 때문에 통상 부양책이 약 4회 이상 반복이 되면 시장이 기력을 회복하고 에너지를 축적하고 있다가 서서히 상승세로 돌아서게 된다. 반대로 상승세에 있는 시장은 규제책이라는 매를 맞으면 기력이 소진되기 때문에 통상 규제책이 약 4회 이상 나올 때까지는 규제책에도 불구하고 상승세를 지속하다가 결국에는 반복되는 매에 에너지를 소진하고 하락 내지 조정 장세로 돌아서게 된다.

부동산 시장의 기술적 분석:
네 번의 상승과 세 번의 조정

〈그림 27〉은 트레이딩이코노믹스닷컴(TRADINGECONOMICS. COM)에 KB 부동산에서 제공하는 한국 주택 가격 지수(앞에서 설명된 KB 부동산 주택매매가격 종합지수와 같다)이다. 2015년 말 지수 100.0을 기준으로 하여 매월 지수의 변동을 발표하고 있다. 〈그림 28〉은 OECD에서 발표하는 한국 명목 주택 가격 지수이다. 2010년 지수 100.0을 기준으로 하여 분기별로 지수의 움직임을 도표화한 것이다. 데이터가 2015년 4분기 111.0포인

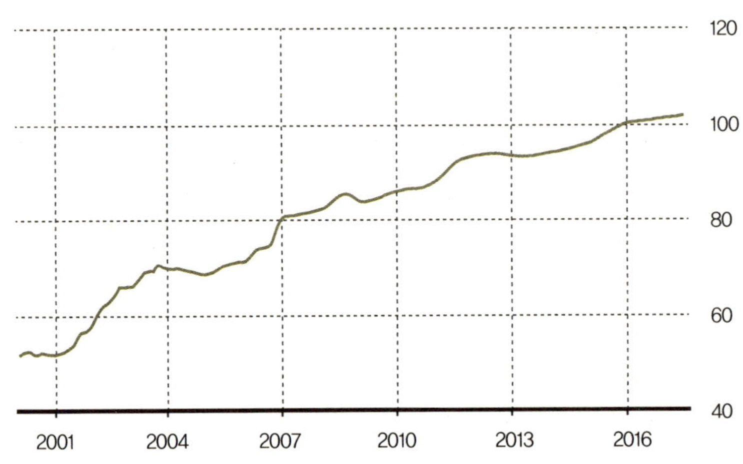

그림 27 한국 주택 가격 지수(KOREA HOUSE PRICE INDEX)

【자료: TRADINGECONOMICS.COM: KOOKMIN BANK, SOUTH KOR】

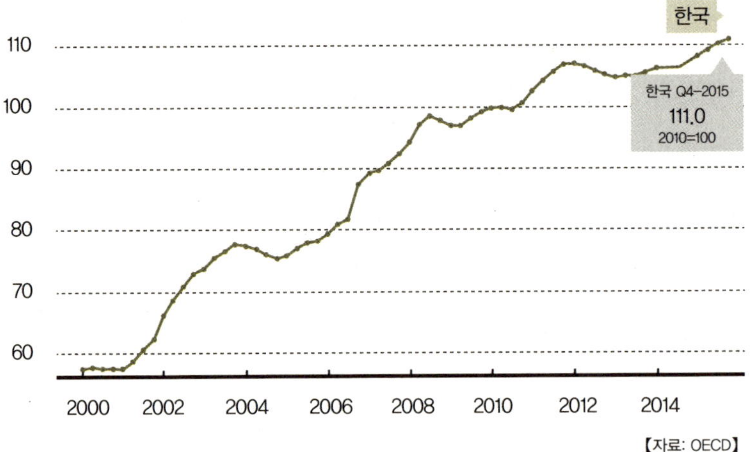

〈그림 28〉 한국 명목 주택 가격 지수(KOREA NOMINAL HOUSE PRICES)

【자료: OECD】

트까지만 나와 있지만 그 이후부터 현재까지 동일한 상승 추세
가 이어지고 있기 때문에 지수의 추세만을 기술적으로 분석하
는 데는 2017년까지의 자료가 있는 것으로 가정하고 활용하여
도 문제가 없다.

두 그림은 2000년 이후의 한국 부동산 시장의 움직임을 시
계열로 차트화한 것으로서 두 지수 모두 2000년 이후부터 현재
까지 동일한 움직임을 보여 주고 있다. 차트를 보면 2000년 이
후부터 현재까지 우리나라의 주택 시장은 전체적으로는 상승
추세를 지속하고 있음을 보여주고 있다. 그러나 지수의 변동을
주식 시장의 기술적 분석 기법을 통해 분석해보면 2000년 1월
부터 현재까지의 한국의 주택 지수는 네 번의 상승기와 상승기
사이에 세 번의 조정기를 거치면서 추세적으로 상승하여 왔으
며, 현재는 4차 상승기를 마무리하고 4차 조정기로 진입하는 초
기 단계에 있는 것으로 추정이 된다. 통상 시장에서 조정이란
하락을 포함하는 개념이다.

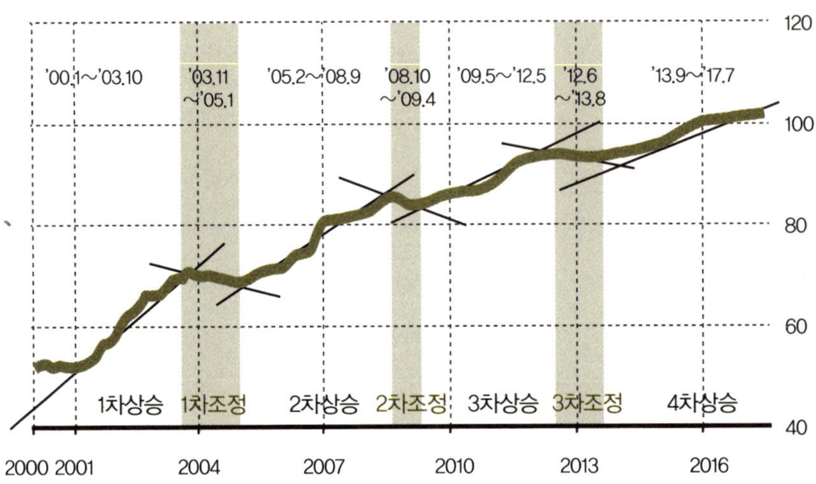

그림 29 주택 가격 지수의 4차의 상승기와 3차의 조정기 구분: 2000~2017

표 21 주택 가격 지수의 4차의 상승기와 3차의 조정기 설명

구분	1차 상승	1차 조정	2차 상승	2차 조정	3차 상승	3차 조정	4차 상승	4차 조정
대통령 및 재임기간	김대중 '98.2 ~'03.2	노무현 '03.2~'08.2		이명박 '08.2~'13.2			박근혜 '13.2 ~'17.3	문재인 '17.5~'22.5
기간	01.1 ~03.10	03.11 ~05.01	05.02 ~08.09	08.10 ~09.04	09.05 ~12.05	12.06 ~13.08	13.09 ~17.07	?
지속기간	34개월	15개월	44개월	7개월	37개월	15개월	47개월	?
지수변동	51.7 ~70.8	~ 68.4	~ 85.6	~ 83.8	~ 94.1	~ 93.2	101.9	?
변동비율	36.9%↑	3.4%↓	25.1%↑	2.1%↓	12.3%↑	1.0%↓	9.3%↑	?
주요대책	·11번의 시장안정 대책 ('01~'03) ·10.29대책 ('03)		·2.17대책 ·5.4대책 ·8.31대책 ('05) ·3.30대책 ('06) ·1.11방안 ('07)	·11.3대책 ('08) ·8.27대책 ('09)	·4.23대책 ('10) ·8.29대책 ('10)	·5.10대책 ·9.10대책 ('12) ·4.11대책 ·8.28대책 ('13)	·2.26대책 ·7.24대책 ·9.1대책 ('14) ·7.22대책 ('15) ·11.3대책 ('16)	·6.19대책 ·8.2대책 ('17)
상승 및 조정 계기	세계적인 저금리 및 자산가격 상승추세	'03.10.29 대책	판교신도시 재개발 혁신도시 토지광풍	2008년 미국발 금융위기	기술적 반등	기술적반락 및 경기침체	저금리 및 부동산 부양 효과	8.2대책 상승피로감 금리인상 (?)

【자료: KB 부동산 주택가격지수 기준】

〈표 21〉은 네 번의 상승기와 세 번의 조정기를 단계별로 KB 부동산의 한국주택가격지수를 기준으로 변동 내역을 정리한 것이며, 〈그림 29〉는 KB 부동산의 한국주택가격지수 변동을 트레이딩이코노믹스닷컴(TRADINGECONOMICS.COM)에서 제공하는 차트 위에 7단계로 구분하여 상승 및 조정 추세선과 기간을 구분한 것이다. 〈표 21〉과 〈그림 29〉를 합쳐서 해석하면 2000년부터

2017년 7월 현재까지의 한국의 주택 시장은 네 번의 상승기와 세 번의 조정기를 거치면서 추세적으로는 상승하여 왔음을 확인할 수 있다. 이러한 기술적 움직임은 다른 객관적 지수인 부동산114의 「KOAPI(아파트종합지수)」나 2006년 12월분부터 데이터가 제공되는 한국감정원의 「아파트실거래가격지수」를 대상으로 분석을 하여도 시점과 종점에 있어서 해석의 차이는 있을지언정 동일한 결과가 나온다. (따라서 해당 분석 자료의 게재는 생략하였다). 또한 앞에서 설명한 대로 부양책이 주를 이루는 기간에는 주택 시장이 상승기가 아닌 조정기였으며, 규제책이 주를 이루는 기간에는 주택 시장이 조정기가 아닌 상승기였음을 확인할 수 있다. 단계별로 분석해 보면 다음과 같다.

1차 상승 2000.01~2003.10, 36.9% 상승(51.7→70.8포인트)

2000년 이후 우리나라 부동산 시장의 1차 상승기는 국내적으로는 IMF 외환 위기 극복과 대외적으로는 세계적인 저금리 현상 및 자산 가치 상승 추세를 배경으로 한다. 2000년에는 거의 보합세에 머물던 주택가격이 2001~2003년 사이에 열한 번의 시장 안정 대책에도 불구하고 불같은 상승세를 지속하였다. 주택 가격은 2000년 1월 51.7포인트에서 2003년 10월 70.8포인트까지 기록적인 36.9%가 상승하였다. 참고로 IMF 외환 위기 발생 전 1997년 10월의 주택 지수 57.2포인트 기준으로도 23.8%나 상승하였다. 또한 이때부터가 우리나라 가계 부채 급등의 출발점이 된다.

1차 조정 2003.11~2005.01, 3.4% 하락(70.8→68.4포인트)

노무현 정부(2003.2~2008.2)가 출범한 2003년의 10.29 대책을
전환점으로 하여 주택 가격은 2003년 11월부터 2005년 1월
까지 약 15개월간의 1차 조정기에 접어들게 된다. 1차 조정
기에 주택 가격은 3.4%의 하락세(70.8→68.4포인트)를 보이게
된다.

2차 상승 2005.02~2008.09, 25.1% 상승(68.4→85.6포인트)

2차 상승기는 부동산 상승장의 백화점과도 같았다. 가히 없
는 재료가 없고 못 오른 부동산이 없을 정도였다. 분당·일
산 신도시 이후 15년 만에 들어선 판교 신도시, 2005년 말
공공기관 지방 이전을 위한 혁신 도시 선정, 재개발 열풍,
토지 시장 광풍 등 호재의 종합 선물 세트를 바탕으로 '판
교 로또', '버블 세븐(강남, 서초, 송파, 양천, 분당, 평촌, 용인)'
등의 신조어를 탄생시키며 강한 상승세를 실현하였다, 상
승 기간은 장장 44개월 동안 지속되면서 주택 지수는 무려
25.1%(68.4→85.6포인트)의 상승률을 기록하였다. 노무현 정
부는 다시 2005년 '2.17 수도권 주택 시장 안정 대책'부터 시
작하여 문재인 정부의 '8.2 대책'의 모태로 거론되는 2005년
의 '8.31 대책' 등 5회에 걸친 부동산 규제책을 내놓았지만

저금리에 편승한 세계적 자산 가치 상승 추세에 한국만 차별적으로 부동산 상승세를 꺾을 수는 없었다. 다만 8.31 조치는 시행 당시에는 국민적 저항을 받을 정도의 과도한 조치였지만 과열을 최대한 억누른 덕분에 2008년 미국발 금융 위기의 영향을 최소화하는 데 상당 부분 기여하였다. 2차 상승기는 미국발 금융 위기에 의하여 2008년 9월에 장세가 강제로 꺾일 때까지 투기적 장세를 보이게 된다.

2차 조정 2008.10~2009.04, 2.1% 하락(85.6→83.8포인트)
44개월에 걸쳐 25.1%가 상승한 2차 상승은 외부 요인인 2008년 미국발 금융 위기에 의하여 2차 조정기를 맞이하게 된다. 그러나 한국의 주택 시장은 미국발 금융 위기로 맞은 2차 조정기에 미국의 주택 지수가 30% 이상 하락하는 등 세계적인 주택 가격 폭락 추세에도 불구하고 IMF 외환 위기의 학습 효과와 견조한 경제 펀더멘털에 힘입어 7개월 만에 2.1% 하락(85.6→83.8포인트)으로 조정을 짧게 마무리하고 바로 반등하게 된다.

3차 상승 2009.05~2012.05, 12.3% 상승(83.8→94.1포인트)
2008년 미국의 금융 위기로 시작된 2차 조정을 짧게 마무리하고 기술적 반등에 성공한 한국의 부동산 시장은 2009년 중반부터 다시 3차 상승세에 진입하게 된다. 3차 상승기는 2012년 5월까지 약 37개월간 지속되었으며 지수는 약 12.3%(83.8→94.1포인트)가 상승하였다.

3차 조정 2012.06~2013.08, 1.0% 하락(94.1→93.2포인트)

3차 조정은 기술적 반등으로 상승한 3차 상승에 대한 반락적 성격과 동시에 경기 침체에 대한 우려감이 반영된 조정의 성격을 갖는 것으로 보인다. 3차 조정기는 이명박 정부(2008.02~ 2013.02) 말기인 2012년 중반부터는 박근혜 정부(2013.02~2017.03) 첫해인 2013년 8월까지 약 15개월간 지속되게 된다. 이 기간 동안 주택 지수는 약 1.0%(94.1→93.2포인트)의 하락세를 보이게 된다. 또한 경기 침체로 3차 조정 기간에 기준 금리가 3.25%에서 2.50%까지 0.75%가 인하하게 된다. 3차 조정기부터 시작하여 4차 상승기까지 정부는 부동산 부양 조치를 2012년부터 2014년에 걸쳐 일곱 차례나 시행하게 된다.

4차 상승 2013.09~2017.07 현재까지, 9.3% 상승(93.2→101.9 포인트)

4차 상승기는 8.28 전월세 대책 직후인 2013년 9월부터 시작되어서 문재인 정부의 2017년 7월 현재까지 장장 약 47개월간 지속되고 있다. 다만 상승률은 1차나 2차 및 3차 상승기의 상승률에 못 미치는 9.3%에 그치고 있다. 기준 금리도

3차 조정기에 3.25%부터 하락하기 시작하여 4차 상승기에 2.50%에서 2016년 6월 1.25%까지 1.25%가 인하되게 된다. 박근혜 정부는 부동산이 회복기에 접어들기 시작했음에도 불구하고 이를 인식하지 못하고 2014년까지도 일명 '초이노믹스(최경환 경제부총리 경제 정책)'를 통해 부동산을 경기 부양을 위한 수단으로 이용하다가 2015년 및 2016년의 적절한 규제 타이밍을 놓침으로써 대한민국 경제에 '가계 부채'라는 커다란 고민거리를 안겨주게 된다. 분양권 전매 허용 등 규제에서 완전히 풀린 재건축 아파트 등이 상승을 주도하였으며, 전세 보증금을 레버리지로 활용하고 매입가와 전세가의 차액만을 투자하는 '갭(Gap, 틈새) 투자'라는 신조어까지 탄생하였다.

결국 1차 상승, 2차 상승, 3차 조정, 4차 상승의 사례가 보여주듯이 1~2회의 부양책이나 규제책으로는 추세의 전환이 되지 않고, 추세의 전환을 위해서는 적게는 4번, 많게는 10여 번까지도 부양책이나 규제책이 나와야 한다는 것을 보여주고 있다. 추세의 전환 사례에서 3차 상승이 제외된 것은 3차 상승은 미국발 금융위기로 장이 하락하자 10년 전(당시 기준) IMF 외환 위기 이후의 부동산 시장 흐름에 대한 학습 효과로 기술적 반등이 빨리 왔기 때문이다.

제4차 조정이 임박한 부동산 시장

기술적 분석으로 볼 때 한국의 부동산 시장은 다음과 같은 4가지 사유로 4차 상승기를 이 정도에서 마무리하고, 4차 조정기로 들어가야 하는 것은 진입 시기의 문제일 뿐이지 필수로 보인다. 첫째, 약 47개월간 지속된 상승 기간과 누적된 상승률에 따른 상승 피로감. 둘째, 4차 상승기에 폭증하여 누증된 과다한 가계 부채 문제. 셋째, 박근혜 정부의 7.22 대책(2015), 11.3 대책(2016)과 문재인 정부의 6.19 대책 및 8.2 대책(2017) 등 네 차례에 걸친 규제책의 누적 효과. 넷째 금리 인상 임박 등의 사유로 조정에 들어갈 수밖에 없을 것으로 전망이 된다. 추세의 전환이라는 것이 확인되기까지는 시간이 필요한 점을 감안한다면 어쩌면 시장은 8.2 대책만으로도 이미 조정 장세에 진입했는지도 모른다. "시세는 시세에게 물어보라'라는 주식 투자의 격언처럼 결과는 시장이 말해줄 것이다.

2

문재인 정부의
부동산 시장 전망

문재인 정부의 부동산 대책은 6.19 대책과 투기 과열 지구, 투기 지역 지정으로 대표되는 8.2 대책으로 시장의 예상보다 빠르고 강하게 시장을 압박하고 있다. 이제 남은 대책은 보유세 강화밖에 없다는 말이 나올 만큼 8.2 대책은 강력한 조치이며, 그 효과와 시장의 진행 추이에 대하여 정부와 국민 모두가 주목하고 있다. 문재인 정부의 부동산 시장을 전망하기 위해서 이 책에서 지금까지 우리나라 부동산 시장의 현황을 분석한 것을 요약하면 다음과 같다.

기술적 분석

2000년 이후 우리나라 부동산 시장은 기술적 분석에 의하면

4차의 상승기와 3차의 조정기를 거치면서 추세적으로 상승해왔으며, 현재 상황은 4차 상승기를 마무리하고 4차 조정기로 넘어가는 경계선에 있는 것으로 보인다.

저금리와 부동산 가격 상승

우리나라 기준 금리는 4년(2012.07~2016.06)의 장기간에 걸쳐 1.25%로 최저 수준으로 내려가서 하락 기간을 포함하면 기준 금리 3.0% 미만인 저금리 기간이 5년 가까이 지속되고 있고, 금리 하락 및 저금리 기간에 부동산 가격은 9.3%나 상승(4차 상승기 기준)하였다.

가계 부채

한국의 가계 부채 규모는 2017년 2/4분기 말 기준 1388.3조 원에 달하며, 증가 속도도 2015년 10.9%(117조 8천억 원), 2016년 11.6%(139조 4천 억 원) 등 연이은 폭증세를 기록하고 있다. 처분 가능 소득 대비 가계 부채 비율이 OECD 자료의 2015년 말 기준 170%로서 북유럽 국가 일부를 제외하고는 세계 최고의 수준을 기록하고 있으며, 부동산 위기를 넘어서 금융 위기 또는 경제 위기로 확대될 수 있을 만큼 팽창되어 있다.

금리 인상

한국의 기준 금리는 미국의 금리 인상이라는 외부 요인에다 내적으로는 경기 회복세를 반영하여 인상을 목전에 둔 위치에 있다.

정리하면 기술적 분석으로는 4차 상승기를 마무리하고 4차 조정기로 넘어가는 경계선에 있으며,「한·미·일 부동산 위기의 12단계 진행 가설」에 의하면 1~4단계의 조건을 충족하고 금리 인상이라는 5단계의 상황을 목전에 둔 위치에 있다. 문재인 정부의 부동산 시장을 기술적 분석과「한·미·일 부동산 위기의 12단계 진행 가설」에 가계 부채의 과잉 누증과 금리 인상의 충격을 감안하여 전망하면 다음과 같은 네 가지 주제로 압축할 수 있을 것이다.

첫째, 대세 상승은 끝났다

2000년 이후부터 2017년 현재까지 약 18년간 지속된 부동산 대세 상승기는 끝났다. 지난 18년간 한국 부동산 시장의 움직임은 4차의 상승기와 3차의 조정기를 통해 조정(하락)의 폭과 기간은 작고 짧고, 상승의 폭과 기간은 크고 긴 전형적인 대세 상승 장세를 보여주었다. 대세 상승기의 배경에는 견조한 경제 성장률과 풍부한 유동성에 장이 지칠 때마다 활력을 불어 넣어준 세 차례의 금리 인하 및 저금리 기간이 있었다. 4차 상승기에는 정책적 오판으로 과도한 레버리지까지 동원하여 장을 끌어올렸다. 4차의 상승기 동안 주택 가격은 누적으로 약 두 배 가까이 상승하였다. 그러나 이제 주택 가격 지수가 오를 만큼 오른 시점에 레버리지는 최대한 팽창되어 있고, 경기 회복세는 기대만큼 탄력적이지 않다. 금리 수준은 더 이상 낮출 여력은 없으며 인상만을 목전에 두고 있다. 순풍(금리 인하 및 저금리)의 돛(가계 부채 증가)을 달고 가던 시절은 끝났고, 역풍(금리 인상)의 돛도 없이 가야 하는 시절이 되었다. 풍부한 유동성만 가지고 손님을 계속 끌기에는 주택 가격은 지난 18년간 충분히 상승하였기 때문에 한계가 있으며, 간헐적으로 투기적 장세를 보이는 시장 교란 요인은 될 수 있어도 그것이 지속적으로 상승세를 견인할 수는 없다.

기술적 분석에 의하면 한국의 부동산 시장은 2000년 이후 4차에 걸친 상승과 3차에 걸친 조정을 거치면서 4차 상승기가 2013년 9월부터 시작되어서 2017년 7월 현재까지 약 47개월간 지속되고 있으며, 상승률도 9.3%를 기록하고 있다. 상승 기간은 네 차례의 상승기 중 가장 긴 기간을 기록하고 있고 상승률은 체감적으로 줄어들고 있으며, 상승세를 유지하는 시장의 범위도 지역적으로는 서울 및 수도권, 부산시, 세종시 등으로 좁혀지고 있으며, 투자 상품도 재건축 아파트, 갭 투자 등으로 압축되고 있다. 결국 기술적으로는 조정(하락)을 피할 수 없는 상황이다. 마침 그 시점에 신정부의 8.2 대책이 나왔다. 울고 싶을 때 뺨 때려주는 격으로 조정이 임박했는데 강력한 규제책이 나옴으로써 규제책에 포함된 지역은 거래가 급격히 위축되고, 규제책에 포함된 상품은 급매가 출회됨으로써 호가 갭이 발생하고 있다. 2017년 8월 24일 지지옥션 통계에 따르면 8.2 부동산 대책 직후 3주간 서울 아파트 경매의 낙찰가율과 평균 응찰자 수는 각각 93.6%와 6.3명으로 낙찰가율은 7월 99.1%와 비교해 5.5%포인트 떨어지고 평균 응찰자수도 7월 12.6명 대비 절반가량 감소하는 등 8.2 대책을 기점으로 부동산 투자 심리도 급격히 냉각되고 있음을 보여주고 있다. 이제 시장은 그 폭이 어떻게 되든 금리 인상이라는 뺨 한 대만 더 맞으면 결정적으로 조정기로 진입하게 될 것으로 전망이 된다. 물론 일시적으로 풍선효과에 의하여 8.2 대책에서 빠진 지역으로 부동산 자금이 몰리거나 간헐적으로 투기적 장세가 시현되는 모습을 보일 수는 있겠지만 조정(하락)이라는 큰 틀에서의 추세를 벗어나기는 힘들 것으로 전망이 된다. 만약 8.2 대책과 금리 인상에도 불구하고 우리나라의 부동산시장이 역행해서 부채의 급증과 상승세를 지속한다면 그 기간과 상승폭은 길게 가지 못하고 대신 하락의 충격은 지금 여기서 조정받는 것보다 훨씬 더 클 것이며, 나아가 더 큰 위기를 초래하는 상황의 문턱까지도 갈수 있을 것이다.

둘째, 급락할 것인가, 급등할 것인가?

부동산 가격이 급락할 수 있는 상황은 금리의 급격한 단기 인상이며, 급등할 수 있는 상황은 현재처럼 저금리 상황의 지속과 레버리지의 지속적 증가이다. 「한·미·일 부동산 위기의 12단계 진행 가설」에 의하면 우리나라의 부동산 시장은 금리 인하와 저금리 기간 지속, 부동산 가격 상승, 가계 부채의 급증 등 1~4단계의 요건을 충족한 상황 아래서 금리 인상이라는 5단계의 조건 앞에 놓여 있다. 앞서 분석한 1990년대 일본과 2008년 미국의 사례에 의하면 금리의 급격한 단기 인상은 이자 부담이 감당할 수 없을 정도로 가중되면서 사정이 열악한 고위험·위험 차입자들부터 시작해서 고신용 차입자로 위기가 점차 확산되면서 부동산 위기가 발생하였다. 1990년대의 일본은 부동산 시장과 주식 시장 과열의 가장 큰 원인이 저금리였기 때문에 기준 금리를 단기에 급격하게(1989년 5월부터 1990년 8월까지 16개월에 걸쳐 2.50%에서 6.00%까지 3.50%) 인상할 수밖에 없었으며, 미국도 경기 과열에 따른 인플레이션 우려감으로 기준 금리를 단기에 급격하게 (2004년 6월부터 2006년 6월까지 2년 동안 1.00%에서 5.25%까지 4.25%) 인상할 수밖에 없었다. 그에 따라 부동산 폭락 사태가 발생하였다. 그러나 2017년 문재인 정부 부동산 시장이 처한 상황은 1990년대 일본과 2008년 미국이 처한 상황과는 다르다. 외적으로는 미국 경기의 회복에 따른 미국의 금리 인상(2015년 12월부터 2017년 6월까지 약 1년 반 동안 네 번에 걸쳐 1.0% 인상)

과 내적으로는 국내 경제의 견실한 성장세[1] 때문에 금리 인상의 필연성이 강력한 상황이기는 하지만 단기에 급격하게 인상될 가능성은 거의 없다. 인상이 되더라도 긴 기간에 걸쳐 완만하게 진행될 것으로 전망이 된다. (즉, 5단계의 조건을 충족시키는 상황은 발생되지 않을 것이다). 그에 따라 우리나라의 부동산 시장에 대한 충격도 폭락할 가능성은 아주 낮을 것으로 전망이 된다. 그 반대로 앞서 분석한 것처럼 2008년 금융 위기 전의 금리 인상기에도 불구하고 부동산 가격이 오히려 상승했던, 미국과 한국의 상황이 있기는 하지만, 그때는 레버리지를 수반한 오버슈팅(overshooting) 덕분에 올라갈 수 있었다. 그러나 지금은 오버슈팅을 받쳐줄 레버리지가 이미 소진되어 있는 상황이다. 가계 부채의 과다와 기술적으로 조정이 불가피한 상황에서 금리가 인상되는 데 맞추어 부동산 가격이 상승할 가능성은 매우 희박해 보인다. 결론적으로 향후 문재인 정부 부동산 시장에서 급락의 가능성은 낮을 것으로 전망이 된다. 또한 저금리와 레버리지 증가도 더 이상 지속되기는 쉽지 않은 상황이기 때문에 급등의 가능성도 낮을 것으로 전망이 된다.

---

1) 한국은행은 2017년 7월 13일 금융통화위원회의 직후 발표한 통화 정책 방향 자료에서 최근 경제 상황에 대해 "국내 경제는 소비 증가세가 여전히 미흡했으나 수출과 투자가 개선되면서 견실한 성장세를 이어간 것으로 판단된다"라고 밝혔다.

셋째, 조정의 폭과 기간은 얼마나 될 것인가?

대세 상승을 마무리하고 조정이 불가피한 상황에서 부동산 시장 전망이 급등 또는 급락의 가능성이 없다면 그 다음은 조정의 폭과 기간이 얼마나 될 것인가 궁금할 것이다. 기술적 분석으로 볼 때 4차에 걸친 상승기 중간에 위치하는 1~3차 조정은 조정의 폭과 기간이 크지 않다는 특징 외에는 4차의 조정을 예측할 만한 특별한 정보를 제공해주지 못한다. 오히려 4차에 걸친 상승기의 상승폭과 기간에서 4차 조정에 대한 시그널을 찾는 것이 더 나을 것이다. 18년간 주택 가격이 누적적으로 약 97.0%가 상승하였고, 네 차례의 상승기 동안 상승률이 36.9%, 25.1%, 12.3%, 9.3%로 체감해온 것을 감안한다면 제4차 조정은 단순히 제4차 상승에 상응하는 조정이 아닌 약 18년간의 대세 상승기 전체에 대한 조정장의 성격을 가질 수가 있으며 그에 따라 조정 기간과 폭도 지난 1~3차의 조정과는 다르게 길고 커질 수가 있다. 어쩌면 문재인 정부 내내 부동산 시장은 조정(하락)이라는 큰 틀 안에서 갇혀 있을 수도 있다.

지금은 문재인 정부가 부동산 시장의 과열을 진정시키는 데 급급하고 있지만, 집권 중·후반부로 넘어가면 오히려 조정이나 하락을 걱정해야 하는 난센스가 발생할 수도 있다. 조정의 폭은 3차에 걸친 조정기에 하락 폭이 3.4%(1차 조정), 2.1%(2차 조정), 1.0%(3차 조정)에 그친 것을 감안하면, 조정이 길어지게 되면 그에 따라 조정의 폭도 확대되어 3.4%보다는 클 수도 있을 것으로 전망이 된다. 다만 지수 3.4%는 큰 폭이 아닐 수 있지만 최근의 재건축 아파트 가격 상승률에서 볼 수 있듯이 개별 상품의 가격 변동은 지수의 변동보다 몇 배 더 크게 확대될 수 있다는 것을 염두에 두어야 한다.

넷째, 장기적(long-term) 관점에서 부동산 시장 전망은?

필자의 시장관은 하락론 또는 비관론도 아니고 절대적인 상승론도 아니다. 시장의 변동을 따라가면서 확률을 가지고 상승 또는 하락을 전망하는 시장 추종론이다. 문재인 정부 5년간의 부동산 시장 전망에 대한 필자의 입장은 조정 쪽에 80% 이상의 확률을 두고 있으며, 금리의 단기적인 급등에 의한 폭락의 가능성이나 저금리와 부채 증가의 지속에 의한 계속적인 상승의 가능성은 각각 10% 이하일 것으로 전망하고 있다. 그러나 문재인 정부 5년간 부동산 시장이 조정에 들어간다고 해서 부동산 투자가 이제 끝났다는 말은 전혀 아니다. 주식 시장이 조정기에도 업종 따라 또는 종목 따라 상승하는 종목이 있듯이 부동산 시장도 투자하여 수익을 올릴 수 있는 기회는 늘 존재하는 것이다.

약 10년 정도를 가정한 필자의 장기적 전망은 상승론에 무게를 두고 있다. 상승 요인으로는 지속적인 경제 성장 가능성과 서울 등 가격 선도 지역의 주택 공급 부족 등을 들 수 있다. 2016년 말 현재 우리나라의 1인당 GDP는 2만 7,633달러이며

올해 말 2만 9,000달러를 기록하고 2018년에는 3만 달러를 넘어
설 것으로 전망하고 있다. 2018년에 3만 달러를 넘어서면 2006
년 2만 달러를 넘어선 이래 12년 만에 3만 달러를 넘어서게 된
다. 2006년부터 2017년까지 12년간 1인당 GDP가 약 45%(2만
달러→2만 9,000달러) 성장했을 때 주택 가격은 약 42.5%(2006년
1월 71.5포인트→2017년 7월 101.9포인트) 상승하였다. 즉, 경제 성
장과 주택 가격의 상승은 일정한 상관관계가 있으며, 아직 우리
나라 경제가 더 성장할 여력이 충분하다면 또는 그렇게 전망한
다면 우리나라의 부동산 가격도 충분히 더 상승할 가능성이 있
을 것으로 전망한다. 1인당 GDP 3만 달러 후반대의 일본, 프랑
스. 4만 달러 대의 독일, 영국. 5만 달러 대의 미국 등 목표로 삼
고 가야 할 고지는 여전히 많이 남아 있다. 서울 등 가격 선도
지역의 주택 공급 부족도 주택 가격의 상승에 일조할 것으로 보
인다. 그리고 다른 선진국의 예에서 볼 수 있듯이 같은 아파트
또는 주택일지라도 서울 등 가격 선도 지역과 비선도 지역과의
가격 배율 격차는 더욱 확대될 것이다. 앞에서 설명했듯이 '보
이지 않는 손' 투자 수익률의 격차가 그런 현상을 합리적으로
설명해주고 있다.

　　장기적 전망에서 하락 요인으로는 출산율 저하와 과다한 가
계 부채 규모, 변동 금리 부채 비율 과다 등을 들 수 있다. 워런
버핏(Warren Buffett), 조지 소로스(George Soros)와 함께 세계 3대

투자가로 불리는 짐 로저스(Jim Rogers)가 2017년 8월 11일 KBS 프로그램에 나와서 한국에 투자하지 않는 이유로 지적한 사항 중 일부이다. 출산율 저하 부분은 하락론자들의 인구 구조론과도 일치하는 내용이다. 인구 구조론에 의한 주택 수요 감소나 매물 출회 요인은 사라진 것이 아니다. 다만 앞에서 설명한 한국은행 금융안정보고서의 지적처럼 '58년 개띠'로 통칭되는 베이비붐 세대의 실질 은퇴 연령이 10년 정도 연장됨에 따라 뒤로 늦추어진 것이며, 1인 가구의 급증세에 따라 잠시 감추어진 것일 뿐이다. 따라서 시한폭탄처럼 다가오고 있다. 가계 부채 문제에서 급증세를 잡는 것은 당면 과제이지만, 규모를 줄이는 것도 장기적인 과제이다. 변동 금리 부채 비율도 가계 부채의 범주 내에서 다뤄야 할 것이다.

장기적 관점에서 경제 성장률에 비례해서 부동산의 가격이 올라가려면 조정기를 거치면서 2008년 금융 위기 이후의 미국처럼 부채의 디레버리지 프로그램을 착실히 이행하고, 출산율 저하 및 초고령화 문제에도 대비책을 세워가면서 에너지를 축적해야 한다. 그렇게 되면 우리나라 부동산 시장이 처해 있는 「한·미·일 부동산 위기의 12단계 진행 가설」의 악순환 사이클에서 탈피하여 한 단계 더 도약할 수 있다. "쉬어가는 말이 멀리 가는 법이다."

3

부동산 시장의
흐름 예측하기

주식 시장의 투자 분석은 시장 분석-업종 분석-종목 분석의 3단계로 이루어져 있다. 부동산 시장에 적용시키면 시장 분석-지역 분석-상품 분석 정도로 대응시킬 수 있을 것이다. 여기서 제시하는 지표들은 우리나라 부동산 시장 전체의 흐름을 분석하고 미래를 예측하는 데 필요한 시장 분석 지표들이다. 분석의 편의상 지역 분석 자료(서울의 아파트 자료)를 일부 활용하였다. 따라서 시장 참여자들은 분석의 최종 단계인 개별 상품의 분석을 위해서는 지역 분석과 상품 분석 또는 테마 분석(재건축, 재개발 등) 등의 추가 분석 지표를 활용하여야 할 것이다. 마지막에 분석 지표를 모아서 종합차트를 작성하여 책의 뒤쪽에 첨부하였다. 수치가 발표될 때마다 〈표 23〉에서 〈표 30〉까지의 빈칸을 채우고 그래프를 연장해가면서 그려보면 시장 전체의 흐름을 한눈에 파악하고 미래를 예측하는 데 큰 도움이 될 수 있을 것이다.

경매 낙찰가율 및 경쟁률

시장의 흐름을 예측하는 여러 가지 지표 중에 선행 지표와 동행 지표, 후행 지표가 있다. 경매 낙찰가율은 낙찰 사례를 가지고 통계를 내기 때문에 실거래 가격을 반영한 지표이다. 경매 낙찰가율은 부동산 시장의 새로운 상황을 가장 빠르게 반영해준다. 부양책이나 규제책 등의 뉴스가 나오면 바로 그날부터 경매 법정의 낙찰가율과 경쟁률에 반영이 된다. 또한 부동산 시장에 참여하는 군중 심리도 그대로 반영이 된다. 시장의 흐름을 가장 빠르게 반영하기 때문에 사람에 따라 부동산 시장의 선행 지표라고 표현하는 사람도 있다. 그러나 외부 지표가 아닌 실물 부동산의 거래가(낙찰가)를 반영하는 내부 지표이기 때문에 선행 지표라기보다는 동행 지표라고 하는 것이 적절해 보인다. 다만 동행 지표 중에 가장 빠르게 반응하고 있을 뿐이다. 필자의 경험으로 경매 낙찰가율은 장세의 전환점을 포착하는 데 매우 유용한다. 분석을 하는 방법은 다음과 같다.

2016년

구분	낙찰건율									낙찰가율		
	총건수	유찰	낙찰	변경	정지	취하	기각	기타	낙찰건율	평균감정가	낙찰가율	경쟁률
1월	105	39	49	4	0	12	1	0	46.67%	145,854,893	171.21%	6.39명
2월	113	38	52	12	0	9	2	0	46.02%	537,335,212	142.66%	5.35명
3월	158	44	74	14	0	24	0	2	46.84%	470,119,389	159.71%	5.55명
4월	124	45	55	5	0	18	0	1	44.35%	1,001,328,181	128.90%	4.38명
5월	139	23	90	12	0	8	5	1	64.75%	132,449,810	129.87%	6.22명
6월	59	13	33	8	0	5	0	0	55.93%	356,054,997	166.55%	6.45명
7월	84	18	42	9	0	13	1	1	50.00%	96,305,356	153.64%	7.95명
8월	50	8	23	7	0	11	1	0	46.00%	96,232,943	133.36%	3.57명
9월	106	30	60	9	0	6	1	0	56.60%	168,861,074	163.54%	6.27명
10월	150	57	69	12	0	12	0	0	46.00%	182,450,778	158.13%	3.74명
11월	170	63	72	14	0	19	1	1	42.35%	250,185,126	135.51%	4.61명
12월	183	75	83	10	0	13	2	0	45.36%	235,700,367	111.65%	2.81명

2017년

구분	낙찰건율									낙찰가율		
	총건수	유찰	낙찰	변경	정지	취하	기각	기타	낙찰건율	평균감정가	낙찰가율	경쟁률
1월	191	77	92	12	0	8	1	1	48.17%	117,957,575	165.12%	6.68명
2월	150	57	72	7	0	10	4	0	48.00%	167,142,350	98.02%	1.96명
3월	136	52	58	4	0	19	2	1	42.65%	699,613,135	111.67%	3.21명
4월	165	63	60	14	0	21	2	5	36.36%	156,673,491	99.13%	4.40명
5월	206	86	84	14	0	17	5	0	40.78%	238,669,907	100.13%	3.64명
6월	158	45	47	39	0	23	1	3	29.75%	1,012,785,589	91.94%	3.94명
7월	190	71	95	18	0	5	0	1	50.00%	223,980,364	105.58%	4.52명
8월	141	53	59	12	0	15	2	0	41.84%	292,693,881	98.73%	3.85명

【자료: 굿 옥션】

사례 〈표 22〉는 제주도 부동산의 2016~2017년 월별 낙찰가율 및 경쟁률을 분석한 자료이다. 2016년 12월 통계치를 보면 고공 행진을 하던 추세에서 갑자기 이탈하였음을 알 수가 있다. 중국의 사드 경제 보복 조치가 본격화되면서 그 여파가 제주도까지 미치게 된 시기이다. 이러한 추세 이탈 현상이 나타나면 일시적 현상인지 추세의 전환인지 여부를 확인하여야 한다. 2017년 1월의 낙찰가율과 경쟁률의 강세(원인은 분석해보지 않았음)로 일시적 현상으로 끝날 뻔했지만 이후의 누적된 자료를 통해 2016년 12월의 낙찰가율 및 경쟁률 하락이 일시적 현상이 아닌 추세 전환의 신호탄이었음을 확인할 수가 있을 것이다. 어느 시점에 시장에 물건을 던졌어야 하는지는 투자자의 동물적 감각에 달려 있다.

여러 가지 경매 낙찰가 통계 중에서 이 책에서는 부동산 시장의 흐름을 따라가면서 추세의 전환점을 포착하는 자료로 지역 자료인 서울의 아파트를 사용하였다. 대한민국 부동산의 대표치는 서울의 아파트라는 점을 고려하였다. 보조적으로 전국, 경기도, 수도권 및 광역시의 자료를 추가하여 사용할 수도 있다. 참고로 경매 낙찰가율 및 경쟁률 통계는 사설 경매 정보 회사에서 찾아볼 수 있다.

표 23 서울 아파트 경매 낙찰가율 및 경쟁률: 2012~2017

(단위: %, 명)

연/월		1	2	3	4	5	6	7	8	9	10	11	12
2012	낙찰가율	81.3	86.0	79.9	80.9	80.8	76.8	76.1	75.0	75.5	76.1	76.5	75.0
	경쟁률	5.4	4.7	5.6	5.5	4.2	3.6	4.1	4.5	5.1	5.5	4.9	4.7
2013	낙찰가율	77.3	78.3	79.7	80.5	82.1	81.3	80.0	79.9	81.2	84.4	84.5	82.5
	경쟁률	5.5	5.4	6.2	6.2	6.4	5.5	4.9	5.6	6.5	5.9	5.8	5.4
2014	낙찰가율	85.1	86.0	87.1	88.1	87.0	85.9	86.5	87.6	89.5	91.5	89.0	90.4
	경쟁률	7.1	7.7	7.7	6.9	5.7	5.9	6.5	7.8	8.3	7.1	7.8	7.1
2015	낙찰가율	89.9	89.0	92.4	92.3	90.7	93.4	94.9	100.0	95.5	102.6	95.8	93.7
	경쟁률	7.9	8.5	9.7	7.7	7.2	8.0	7.6	8.7	8.3	8.0	7.8	6.3
2016	낙찰가율	97.5	91.8	92.2	96.5	93.7	94.4	96.9	97.4	92.4	97.2	99.0	94.9
	경쟁률	7.0	8.1	8.7	7.6	9.2	8.2	10.6	10.3	9.0	9.5	7.2	7.7
2017	낙찰가율	92.9	97.9	92.3	97.2	103.6	98.5	100.0	95.7				
	경쟁률	6.6	9.3	8.5	9.5	11.1	9.4	13.3	6.1				
2018	낙찰가율												
	경쟁률												
2019	낙찰가율												
	경쟁률												
2020	낙찰가율												
	경쟁률												
2021	낙찰가율												
	경쟁률												
2022	낙찰가율												
	경쟁률												

【자료: 굿 옥션】

필자의 KB 부동산 주택매매가격 종합지수를 근거로 한 기술적 분석에 의하면 우리나라 부동산 시장의 제4차 상승기를 2013년 9월부터 2017년 7월 현재까지로 하고 있다. 자료를 보면 2012년과 비교해서 2013년에는 낙찰가율과 경쟁률에 있어서 유의미한 변화가 나타났음을 확인할 수 있다. 2012년의 통계치가 주로 70%대의 낙찰가율과 5.0명 이하의 경쟁률을 보여주었다면, 2013년 2/4분기부터는 80%의 낙찰가율과 5.0명 이상의 경쟁률이 주를 이루고 있으며 2012년에는 전혀 없었던 6.0명 이상의 경쟁률도 나타나고 있는 것이다. 2014년의 낙찰가율과 경쟁률을 보면 확연하게 상승세에 접어들었음을 확인할 수 있다. 추세의 전환을 감지하고 어느 시점에 진입할 것인가를 포착하는 것은 역시 투자자의 후각에 달려 있다. 8.2 대책 이후의 시장 전망과 관련하여 분석을 해본다면 8.2 대책 이후 첫 달인 2017년 8월의 경쟁률 6.1명은 2014년 7월 이래 37개월 중 최저치를 기록하고 있으며, 8.2 대책 전후인 2017년 7월과 8월의 낙찰가율 및 경쟁률의 차이도 추세의 전환을 암시할 수 있을 만큼 충분히 유의미한 차이를 보이고 있다. 8.2 대책이 나오기 전 2017년 5~7월의 낙찰가율 및 경쟁률은 2012년 이래 최고치를 기록하고 있다. 필자의 전망대로 장이 조정을 받는다면 해당 기간이 시장이 가장 과열된 기간으로 기록될 것이다. 8.2 대책으로 인한 추세의 전환 여부는 몇 개월 더 자료를 누적해보아야 확인이 될 수 있을 것이다. 결과는 시장이 말해줄 것이다.

미국의 기준 금리 및 케이스-실러 지수

· 미국의 기준 금리

미국의 기준 금리인 연방 기금 금리(US FUNDS RATE)는 FOMC(Federal Open Market Committee, 미연방 공개 시장 위원회)에서 결정된다. FOMC는 한국의 금융통화위원회와 같은 기구로서 정기 회의는 연 8회 개최하며, 금융 위기 등 상황이 급박한 경우에는 임시 회의나 전화 회의(conference call)도 개최한다. 미국 기준 금리의 변화는 The Fed(Board of Governors of the Federal Reserve System)의 FOMC meeting calendars에서 확인할 수 있으나, 언론 보도를 통해서도 쉽게 확인할 수가 있다. 2008년 12월 회의에서 기준 금리를 0~0.25%로 인하하면서 목표치를 상한선과 하한선의 범위(target range)를 표시하는 방식으로 바뀌었다. 2008년 12월 이후의 수치는 설명의 편의상 상한선으로 표시하였다.

표 **24** 미국의 기준 금리 변동

(단위: %)

연도/월	구분	1월	2월	3월	4월	5월	6월	7월	8월	9월	10월	11월	12월
2000	일자		2	21		16							
2000	금리	5.50	5.75	6.00	6.00	6.50	6.50	6.50	6.50	6.50	6.50	6.50	6.50
2001	일자	3 / 31		20	18	15	27		21	17	2	6	11
2001	금리	6.00 / 5.50	5.50	5.00	4.50	4.00	3.75	3.75	3.50	3.00	2.50	2.00	1.75
2002	일자											6	
2002	금리	1.75	1.75	1.75	1.75	1.75	1.75	1.75	1.75	1.75	1.75	1.25	1.25
2003	일자						25						
2003	금리	1.25	1.25	1.25	1.25	1.25	1.00	1.00	1.00	1.00	1.00	1.00	1.00
2004	일자						30		10	21		10	24
2004	금리	1.00	1.00	1.00	1.00	1.00	1.25	1.25	1.50	1.75	1.75	2.00	2.25
2005	일자		2	22		30	30		9	20		1	13
2005	금리	2.25	2.50	2.75	2.75	3.00	3.25	3.25	3.50	3.75	3.75	4.00	4.25
2006	일자	31		28		10	29						
2006	금리	4.50	4.50	4.75	4.75	5.00	5.25	5.25	5.25	5.25	5.25	5.25	5.25
2007	일자									18	31		11
2007	금리	5.25	5.25	5.25	5.25	5.25	5.25	5.25	5.25	4.75	4.50	4.50	4.25
2008	일자	22 / 30		18	30						7 / 29		16
2008	금리	3.50 / 3.00	3.00	2.25	2.00	2.00	2.00	2.00	2.00	2.00	1.50 / 1.00	1.00	0.25
2009	일자												
2009	금리	0.25	0.25	0.25	0.25	0.25	0.25	0.25	0.25	0.25	0.25	0.25	0.25
2010	일자												
2010	금리	0.25	0.25	0.25	0.25	0.25	0.25	0.25	0.25	0.25	0.25	0.25	0.25
2011	일자												
2011	금리	0.25	0.25	0.25	0.25	0.25	0.25	0.25	0.25	0.25	0.25	0.25	0.25

연도	구분	1	2	3	4	5	6	7	8	9	10	11	12
2012	일자												
	금리	0.25	0.25	0.25	0.25	0.25	0.25	0.25	0.25	0.25	0.25	0.25	0.25
2013	일자												
	금리	0.25	0.25	0.25	0.25	0.25	0.25	0.25	0.25	0.25	0.25	0.25	0.25
2014	일자												
	금리	0.25	0.25	0.25	0.25	0.25	0.25	0.25	0.25	0.25	0.25	0.25	0.25
2015	일자												16
	금리	0.25	0.25	0.25	0.25	0.25	0.25	0.25	0.25	0.25	0.25	0.25	0.50
2016	일자												14
	금리	0.50	0.50	0.50	0.50	0.50	0.50	0.50	0.50	0.50	0.50	0.50	0.75
2017	일자			15			14						
	금리	0.75	0.75	1.00	1.00	1.00	1.25						
2018	일자												
	금리												
2019	일자												
	금리												
2020	일자												
	금리												
2021	일자												
	금리												
2022	일자												
	금리												

【자료: The Fed】

· **미국의 주택 지수**

미국의 주택 가격 지수는 케이스-실러 지수이다. 10개 대도시를 집계한 지수도 있고 20개 대도시를 집계한 지수도 있는데 이 책에서는 20개 대도시를 집계한 지수(Case-Shiller 20-city composite Home Price Index)를 사용하였다. 세계적인 신용 평가 회사 스탠더드 앤드 푸어스(S&P)가 약 2개월 정도의 시차를 두고 발표한다. 미국의 기준 금리처럼 국내 언론을 통해 결과를 늘 확인할 수 있다.

표 25 케이스–실러 지수(20개 대도시 기준)

연/월	1월	2월	3월	4월	5월	6월	7월	8월	9월	10월	11월	12월
2000	100.59	101.69	102.78	104.00	105.25	106.40	107.13	107.86	108.61	109.49	110.57	111.80
2001	113.05	114.13	115.09	115.84	116.30	116.90	117.50	118.25	119.03	119.69	120.27	120.67
2002	121.36	122.19	123.32	124.51	125.92	127.39	128.88	130.31	131.53	132.85	134.10	135.40
2003	136.47	137.45	138.38	139.25	140.15	140.92	142.12	143.55	145.26	146.99	148.82	150.76
2004	152.62	154.54	156.94	159.36	161.75	164.30	166.39	168.07	169.65	171.29	173.08	175.08
2005	177.55	180.25	183.22	185.51	187.55	189.53	191.37	193.37	195.61	197.87	200.13	202.17
2006	203.77	205.36	206.25	206.65	206.50	205.80	204.93	204.11	203.57	203.53	203.63	203.46
2007	203.73	204.07	204.14	202.86	201.01	198.84	196.83	194.88	193.10	190.95	187.87	185.07
2008	182.12	178.54	175.38	172.41	169.52	167.16	164.38	162.10	159.09	156.26	153.62	150.70
2009	147.69	145.59	143.03	141.53	140.80	141.26	142.23	143.45	144.04	144.76	145.43	146.21
2010	146.89	146.90	146.65	147.02	147.22	146.99	146.38	145.50	144.51	143.58	143.24	142.93
2011	142.55	142.05	140.88	140.66	140.39	140.30	140.28	139.99	139.36	138.60	137.89	137.33
2012	137.11	137.04	137.10	137.88	139.43	140.95	141.95	142.82	143.70	144.73	145.75	140.07
2013	148.32	149.68	151.55	153.92	156.01	157.75	159.52	161.27	163.02	164.70	165.94	166.89
2014	167.90	168.69	169.97	170.08	170.29	170.44	170.48	170.44	171.00	172.24	173.08	174.22
2015	175.21	176.67	178.01	178.02	178.43	178.70	179.07	179.15	180.14	181.66	182.90	183.91
2016	185.02	185.99	187.53	187.46	187.69	187.85	188.17	188.31	189.26	190.86	192.36	193.93
2017	195.55	196.81	198.53	198.18	198.38							
2018												
2019												
2020												
2021												
2022												

【자료: FRED】

부동산 시장의 가격 결정에 가장 큰 영향을 미치는 요인 중의 하나가 금리 수준이다. 중앙은행이 기준 금리를 결정하면 시중 금리가 그에 연동되어 변동되고 예금 및 대출 금리, 채권 가격, 주식 가격, 부동산 가격 등에 연쇄적으로 영향을 미친다. 한국의 부동산 시장 또는 주택 시장을 분석하고 예측하는 데 미국의 금리 수준이나 주택 지수가 어떤 의미가 있을까? 미국의 주택 지수와 한국의 주택 지수는 직접적인 상관관계는 없다. 그러나 보이지 않는 끈을 따라가보면 매우 유의미한 상관관계가 있음을 알 수 있다.

한국 주식 시장은 미국 주식 시장의 변동에 상당한 영향을 받는다. 물론 영향을 받는다는 것이 반드시 미국 시장과 같은 방향으로 움직인다는 말은 아니다. 때로는 동조화되기도 하고 때로는 차별화의 길을 걷기도 한다. 결코 무관한 것이 아니고, 동조화 또는 차별화라는 뚜렷한 영향을 받는 요인은 다음과 같이 세 가지 정도로 요약할 수 있다.

첫째, 미국은 세계 최고의 선진국이고 경제 대국이다. 따라서 미국 또는 미국 경제의 상황과 일거수일투족은 그 자체가 세계 경제에 가장 많은 영향을 미치는 요인 중의 하나이다. 둘째, 우리나라는 수출과 무역으로 유지되는 경제 구조이다. 지금은 한국과의 교역 규모가 중국 다음이지만 전에는 미국이 한국의 첫 번째 교역국이었다. 따라서 미국 경제가 기침을 하면 우리나라는 몸살이 난다고 할 정도로 많은 영향을 받았고 지금도 그렇다. 셋째, 세계 주식 시장의 개장 및 폐장 사이클이다. 한국의 주식 시장이 개장되고, 동 시간대에 일본의 주식 시장이 열리고, 그 다음 중국과 홍콩 등의 주식 시장이 연속적으로 개장되고 폐장이 되면, 그 다음으로 오후 5시경 유럽 시장이 열린다. 마지막으로 오후 11시 30분경에 미국 시장이 개장되고, 그 다음날 새벽 1시 반에 유럽 시장이 폐장되고, 미국 시장은 새벽 6시에 폐장이 된다. 미국 시장이 폐장되고 나면 미국 시장의 결과를 일정 부분 반영하여서 다시 우리나라의 주식 시장이 열린다. 이때 미국 주식 시장의 등락 결과에 따라 사안별로 동조화되거나 차별화되기도 하고 또는 전혀 무관하게 움직이기도 한다. 어떤 경우에 동조화되고 어떤 경우에 차별화될 것이냐를 예측하는 것은 주어진 상황을 분석하는 사람의 능력과 동물적 감각에 달려 있다.

기본적으로 한국의 부동산 시장은 분석하고 예측함에 있어서는 한국의 기준 금리 수준과 한국의 주택 지수만 있으면 된다. 그러나 2000년 이후 세계 자산 시장은 제로 금리에 가까운 저금리 시대의 도래와 저금리 기간의 장기 지속으로 주식과 부동산 등의 자산 가치가 지속적으로 상승하는 동조화 현상으로 하나가 되어 있다. 즉, 주식과 부동산의 가격이 상승하는 것이 우리나라만의 현상이 아니다. 그렇다면 우리나라의 부동산 가격이 오르내릴 때 비슷한 입장에 처해 있는 다른 나라의 변동 상황을 분석하는 것은 매우 중요하다. 많은 나라의 상황을 분석할수록 더 도움이 되겠지만 최소한 세계 최고의 경제 대국 미국의 주택 시장 움직임은 반드시 참조하고 있어야 한다. 미국 주택 시장의 움직임에 가장 큰 영향을 미치는 요소가 미국의 기준 금리이다. 또한 미국의 기준 금리 변동은 한국뿐만 아니라 전 세계의 기준 금리 변동에 지대한 영향을 미친다. 결국 한국의 주택 시장을 분석하다 보면 안 보고 싶어도 미국의 주택 지수와 기준 금리를 볼 수밖에 없는 것이다. 2000년 이후 미국의 기준 금리는 2000년 6월 6.5%에서 현재의 1.0~1.25%까지 내려와 있다. 그 사이에 미국의 주택 지수는 약 두 배가 올랐다. 마찬가지로 한국의 기준 금리도 2000년 10월 5.25%에서 현재 1.25%까지 내려와 있다. 그 사이에 한국의 주택 지수도 약 두 배가 올랐다. 미국은 2015년 말부터 기준 금리를 인상하기 시작하여 4차에 걸쳐 1.0%를 올려서 한국과 같은 수준이 되었다. 우리나라도 금리를 인상해야 할 대외적, 대내적 요건이 충분히 성숙되어서 인상을 목전에 두고 있다. 당연히 먼저 금리를 올린 미국의 주택 지수 동향을 점검해봐야 할 것이다.

2008년 금융 위기가 발생하고 미국의 주택 가격이 연일 폭락하여 미국 사회가 심리적으로 패닉 상태에 빠졌을 때 사람들이 케이스-실러 지수를 만든 예일대의 로버트 실러(Robert

Shiller) 교수를 찾아가 주택 가격이 얼마나 하락할 것인지를 물었다. 실러 교수는 2000년의 IT 버블 붕괴를 예측한 것으로도 유명한 사람이다. 실러 교수는 1929년 세계 대공황 때만큼이나 하락할 것이라고 예측하였다. 참고로 대공황 때 미국의 주택은 약 30%나 폭락했다. 장이 하락하면 빠지는 것보다 더 무서운 것은 어디까지 빠질지 모르는 것이다. 실러 교수의 예측대로 미국의 주택 지수는 약 32%가 하락한 2009년 5월 140.80포인트에서 기술적 반등이 왔다. 이후 약한 반등세를 보이다가 다시 하락하기 시작하여 2012년 2월 고점 대비 약 33.4%가 하락한 137.04포인트로 바닥을 찍고 상승세를 타기 시작하여 2017년 현재는 바닥 대비 무려 44.7%가 상승한 198.38포인트를 기록하고 있다. 그리고 금융 위기 발생 전의 고점인 206.65포인트에도 거의 근접해 있다. 분명히 미국 부동산 시장의 움직임은 한국의 부동산 시장의 변동을 예측하는 데 도움이 된다.

한국의 기준 금리 및 주택 지수

미국의 기준 금리와 주택 지수와의 상관관계와 마찬가지로 한국의 기준 금리의 변동과 주택 가격의 변동도 반비례한다는 뚜렷한 상관관계가 있다. 다만 반응하는 시차와 다른 변수의 움직임에 의하여 기계적인 모습을 보이지 않고 마치 무관한 것처럼 오인하게 하기도 한다.

· **한국의 기준 금리**

한국의 기준 금리는 미국의 FOMC와 같은 금융통화위원회
에서 결정한다. 한국은행 총재는 금융통화위원회를 대표하
는 의장으로서 회의를 주재한다. 금융통화위원회는 매월 둘
째 주와 넷째 주 목요일에 정기 회의를 개최하고 있다. 기준
금리의 변동은 한국은행 홈페이지에서 찾아볼 수도 있고, 언
론 보도를 통해서도 쉽게 접할 수 있다.

표 26 한국의 기준 금리 변동

	변경일자	기준금리
2022		
2022		
2021		
2021		
2020		
2020		
2019		
2019		
2018		
2018		
2017		
2017		
2016	06월 09일	1.25
2015	06월 11일	1.50
2015	03월 12일	1.75
2014	10월 15일	2.00
2014	08월 14일	2.25
2013	05월 09일	2.50

2012	10월 11일	2.75
2012	07월 12일	3.00
2011	06월 10일	3.25
2011	03월 10일	3.00
2011	01월 13일	2.75
2010	11월 16일	2.50
2010	07월 09일	2.25
2009	02월 12일	2.00
2009	01월 09일	2.50
2008	12월 11일	3.00
2008	11월 07일	4.00
2008	10월 27일	4.25
2008	10월 09일	5.00
2008	08월 07일	5.25
2007	08월 09일	5.00
2007	07월 12일	4.75
2006	08월 10일	4.50
2006	06월 08일	4.25
2006	02월 09일	4.00
2005	12월 08일	3.75
2005	10월 11일	3.50
2004	11월 11일	3.25
2004	08월 12일	3.50
2003	07월 10일	3.75
2003	05월 13일	4.00
2002	05월 07일	4.25
2001	09월 19일	4.00
2001	08월 09일	4.50
2001	07월 05일	4.75
2001	02월 08일	5.00
2000	10월 05일	5.25
2000	02월 10일	5.00
1999	05월 06일	4.75

【자료: 한국은행】

한국 기준 금리의 변동 내역을 살펴보면 한국의 기준 금리는 2000년 10월 5.25%에 있다가 세계적인 금리 인하 추세에 동조하여 2004년 11월 3.25%까지 하락하고 3.25% 수준이 약 1년 정도 지속되다가 미국의 기준 금리 인상 조치에 약 1년 4개월 후행하여 2005년 10월부터 인상하게 된다. 2007년 8월 5.0%로 금리 인상이 마감되고 약 1년 뒤 한 차례 더 인상하여 5.25%가 된다. 2008년 금융 위기로 세계적인 금리 인하 추세에 다시 동조하여 금리를 2010년 7월 2.25%까지 인하하게 된다. 이후 경기의 회복세로 2011년 6월 3.25%까지 금리를 다시 인상하게 된다. 이명박(2008.2~2013.2 재임) 재임 말기부터 경기 침체로 인하여 금리를 3.25%에서 인하하기 시작하여 2017년 9월 현재 현재 1.25%를 기록하고 있다.

· 한국의 주택 지수: 2015년 말 100.0 기준

금융 위기 당시 미국 주택 시장의 변동을 한눈으로 확인할 수 있는 케이스-실러 지수는 매우 부러운 시스템이었는데, 다행히 지금은 우리나라도 이와 유사한 지수들이 많이 개발되어 운영되고 있다. 부동산 114의 「KOAPI」(아파트종합지수), 한국감정원의 「아파트실거래가격지수」 등이 있으며 여기서는 2000년 이후 주택 가격의 변동을 한 번에 볼 수 있도록 KB 부동산의 「주택매매가격 종합지수」를 사용하였다.

연/월	1월	2월	3월	4월	5월	6월	7월	8월	9월	10월	11월	12월
1997	56.4	56.9	57.1	57.1	57.1	57.1	57.0	57.1	57.2	57.2	57.1	56.9
1998	56.4	55.7	54.2	52.6	51.4	50.6	50.4	50.4	50.2	49.8	49.7	49.8
1999	50.4	50.5	50.7	50.8	50.9	50.9	51.0	51.4	51.7	51.8	51.6	51.5
2000	51.7	51.9	52.1	52.2	52.1	52.0	52.0	52.1	52.2	52.2	52.1	51.7
2001	51.7	51.9	52.2	52.5	52.9	53.3	54.0	55.0	55.9	56.2	56.4	56.9
2002	58.3	59.8	61.2	61.8	62.2	62.5	63.1	64.2	65.7	66.0	66.1	66.2
2003	66.1	66.5	67.0	67.6	68.7	69.2	69.3	69.5	70.1	70.8	70.6	70.0
2004	69.7	69.8	70.0	70.1	70.1	69.9	69.7	69.4	69.3	69.1	68.8	68.5
2005	68.4	68.6	68.8	69.2	69.6	70.2	70.8	71.0	71.2	71.2	71.2	71.3
2006	71.5	71.9	72.3	73.0	73.7	74.1	74.2	74.4	74.7	75.8	78.1	79.6
2007	80.3	80.6	80.7	80.8	80.8	80.9	81.2	81.3	81.5	81.7	81.9	82.1
2008	82.3	82.5	83.2	83.9	84.4	84.9	85.3	85.4	85.6	85.6	85.2	84.6
2009	84.1	83.9	83.8	83.8	83.9	84.1	84.3	84.6	85.2	85.5	85.7	85.9
2010	86.0	86.2	86.4	86.6	86.6	86.6	86.6	86.5	86.6	86.8	87.1	87.5
2011	87.9	88.6	89.4	90.2	90.8	91.3	91.6	92.1	92.6	93.0	93.3	93.5
2012	93.6	93.8	93.9	94.0	94.1	94.0	93.9	93.8	93.7	93.6	93.5	93.5
2013	93.4	93.3	93.3	93.3	93.3	93.3	93.3	93.2	93.3	93.5	93.6	93.8
2014	93.9	94.1	94.3	94.5	94.6	94.6	94.7	94.9	95.1	95.4	95.6	95.8
2015	95.9	96.1	96.5	97.0	97.3	97.8	98.2	98.6	99.1	99.4	99.8	100.0
2016	100.1	100.2	100.2	100.2	100.3	100.4	100.5	100.6	100.8	101.0	101.3	101.4
2017	101.4	101.4	101.4	101.5	101.5	101.7	101.9					
2018												
2019												
2020												
2021												
2022												

【자료: KB 부동산 정보】

좀 더 역동적인 움직임을 보기 위해서는 한국감정원의 서울의 「아파트실거래가격지수」를 참조해도 좋다.

표 28 서울시 아파트 실거래 가격 지수: 2006. 01 (지수 100.0 기준)

연/월	1월	2월	3월	4월	5월	6월	7월	8월	9월	10월	11월	12월
2006	100.0											
2007					123.9	125.8	126.9	127.9	128.5	129.2	129.2	129.8
2008	131.7	133.8	137.5	140.6	142.3	142.6	141.1	140.6	137.5	132.2	124.0	116.6
2009	121.3	126.4	128.0	131.8	134.3	137.3	139.9	143.2	144.6	143.6	141.5	141.3
2010	143.1	143.1	141.8	138.6	136.4	135.2	133.3	132.9	133.6	133.7	135.1	136.8
2011	138.5	139.8	139.3	138.5	137.5	136.5	136.5	136.7	136.5	135.4	134.1	132.6
2012	132.9	132.5	131.4	130.0	129.3	128.2	126.5	125.5	124.8	124.6	124.2	122.8
2013	123.5	124.0	125.1	125.7	126.0	125.3	125.1	125.8	126.8	127.6	127.3	126.9
2014	128.2	129.3	129.9	129.8	129.3	129.3	129.4	130.7	131.8	132.6	132.6	132.5
2015	133.3	134.5	136.0	137.3	138.5	139.5	141.3	142.6	143.7	144.7	145.4	144.7
2016	144.4	144.7	144.8	145.8	147.0	148.9	151.3	153.5	155.7	157.7	157.8	156.8
2017	156.4	156.9	158.3	159.4	162.7							
2018												
2019												
2020												
2021												
2022												

【자료: 한국감정원】

가계 부채(가계 신용) 총액 및 실질 국내총생산(GDP) 성장률

· 가계 부채(가계 신용)

가계 부채(가계 신용) 자료는 한국은행에서 분기별로 발표하고 있다. 한국은행이나 언론 보도를 통해서 찾아볼 수 있다.

표 29 한국은행 가계 부채(가계 신용) 총액 변동

(단위: 조 원)

연도/분기		1	2	3	4	증가액
2002					464.7	
2003		463.3	464.6	463.5	472.1	7.4
2004		472.3	477.3	482.5	494.2	22.1
2005		497.0	516.0	527.1	542.9	48.7
2006		550.3	569.4	582.5	607.1	64.2
2007		612.4	629.6	642.0	665.4	58.3
2008		677.2	698.2	713.3	723.5	58.1
2009		720.4	736.3	754.2	776.0	52.5
2010		783.3	800.1	816.0	843.2	67.2
2011		855.5	877.2	891.3	916.2	73.0
2012		916.5	928.6	940.7	963.8	47.6
2013		962.9	979.6	993.6	1,019.0	55.2
2014	총계	1,022.4	1,035.9	1,056.4	1,085.3	66.3
	증가액	3.4	13.5	20.5	28.9	
2015	총계	1,098.3	1,131.5	1,164.9	1,203.1	117.8
	증가액	13.0	33.2	33.4	38.2	

연도	구분					
2016	총계	1,223.6	1,257.5	1,296.4	1,342.5	139.4
	증가액	20.6	33.9	38.9	46.1	
2017	총계	1,359.1	1,388.3			45.8
	증가액	16.6	29.2			
2018	총계					
	증가액					
2019	총계					
	증가액					
2020	총계					
	증가액					
2021	총계					
	증가액					
2022	총계					
	증가액					

【자료: 한국은행】

표 30 실질 국내총생산(GDP) 성장률

연도/분기	1분기	2분기	3분기	4분기	1년
2002					7.4
2003					2.9
2004					4.9
2005					3.9
2006					5.1
2007					5.4
2008					2.8
2009					0.7
2010					6.5
2011					3.7
2012					2.3
2013					2.9
2014					3.3
2015	0.8	0.4	1.3	0.7	2.8
2016	0.5	0.9	0.5	0.5	2.8
2017	1.1	0.6			
2018					
2019					
2020					
2021					
2022					

【자료: 한국은행】

· **실질 국내총생산(GDP) 성장률**

실질 국내총생산(GDP) 성장률 자료는 가계 신용과 마찬가지로 한국은행에서 찾아볼 수 있다. 금융 위기 이후인 2009년을 제외하고는 2012년부터 경기 상황이 좋지 않음을 확인할 수 있다.

지금까지 설명한 시장 지표들은 종합차트를 작성하여 책의 뒤쪽에 첨부하였다. 종합차트는 다음의 기준으로 작성되어 있다.

· 서울 아파트 경매 그래프에서 50~120는 낙찰가율, 0~14는 경쟁률을 표시한다.

· 미국과 한국의 기준 금리 및 주택 지수에서 0~7은 기준 금리 수준을, 50~110, 80~220은 각각 한국과 미국의 주택 지수를 의미한다. 다만 금리의 변동을 주택 가격 지수의 변동 방향과 일치시키기 위하여 금리 그래프를 뒤집어서 작성하였다.

· 가계 부채 총계 및 실질 국내총생산(GDP) 성장률에서 400~1,600은 가계 부채 총 규모를, 0~6은 실질 국내총생산(GDP) 성장률을 의미한다. 가계 부채 총계는 분기별로 작성하였고, 실질 국내총생산(GDP) 성장률도 분기별로 작성하였다.

✧ 당신은 언제나 옳습니다. 그대의 삶을 응원합니다. — 라의눈 출판그룹

문재인 정부의
부동산 시장 전망

초판 1쇄 ⋮ 2017년 10월 17일
지은이 ⋮ 전종철 · 전혜린
펴낸이 ⋮ 설응도
펴낸곳 ⋮ 라의눈

편집주간 ⋮ 안은주
편집장 ⋮ 최현숙
편집팀장 ⋮ 김동훈
편집팀 ⋮ 고은희
영업 · 마케팅 ⋮ 나길훈
경영지원 ⋮ 설동숙
전자출판 ⋮ 설효섭

출판등록 ⋮ 2014년 1월 13일(제2014-000011호)
주소 ⋮ 서울시 서초구 서초중앙로29길 26 (반포동) 낙강빌딩 2층
전화번호 ⋮ 02-466-1283
팩스번호 ⋮ 02-466-1301
e-mail ⋮ 편집 editor@eyeofra.co.kr 마케팅 marketing@eyeofra.co.kr
　　　　경영지원 management@eyeofra.co.kr

ISBN 979-11-86039-90-8 13320